|医 事 法 丛 书|

江西理工大学2018年博士科研启动项目"强制医疗研究"（3401223410）最终成果

# 精神卫生法中强制医疗研究

JINGSHENWEISHENGFA ZHONG
QIANGZHI YILIAO YANJIU

张 奇　陈楠楠　许芬芬 ——— 著

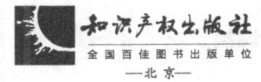

图书在版编目（CIP）数据

精神卫生法中强制医疗研究／张奇，陈楠楠，许芬芬著. —北京：知识产权出版社，2022.8（2023.10重印）
ISBN 978-7-5130-7896-2

Ⅰ.①精… Ⅱ.①张… ②陈… ③许… Ⅲ.①精神病患者（法律）—治疗—强制执行—研究—中国 Ⅳ.①D924.399.4

中国版本图书馆 CIP 数据核字（2021）第 245307 号

责任编辑：邓　莹　　　　　　　责任校对：谷　洋
封面设计：乾达文化　　　　　　责任印制：孙婷婷

## 精神卫生法中强制医疗研究
张　奇　陈楠楠　许芬芬　著

| | |
|---|---|
| 出版发行：知识产权出版社 有限责任公司 | 网　　址：http://www.ipph.cn |
| 社　　址：北京市海淀区气象路 50 号院 | 邮　　编：100081 |
| 责编电话：010-82000860 转 8346 | 责编邮箱：dengying@cnipr.com |
| 发行电话：010-82000860 转 8101/8102 | 发行传真：010-82000893/82005070/82000270 |
| 印　　刷：北京建宏印刷有限公司 | 经　　销：新华书店、各大网上书店及相关专业书店 |
| 开　　本：880mm×1230mm　1/32 | 印　　张：6.375 |
| 版　　次：2022 年 8 月第 1 版 | 印　　次：2023 年 10 月第 2 次印刷 |
| 字　　数：150 千字 | 定　　价：38.00 元 |
| ISBN 978-7-5130-7896-2 | |

出版权专有　侵权必究
如有印装质量问题，本社负责调换。

# 前　言

为了发展精神卫生事业，规范精神卫生服务，维护精神障碍患者的合法权益，我国于 2012 年通过《中华人民共和国精神卫生法》（以下简称《精神卫生法》），并于 2018 年进行修正。该法从法律的角度对精神障碍患者的送治、诊断以及住院治疗等内容作了较为详细的规定。

本书引言部分对疑似精神障碍患者的送治问题进行分析。《精神卫生法》第 28 条第 2 款规定，疑似精神障碍患者发生伤害自身、危害他人安全的行为，或者有伤害自身、危害他人安全的危险的，公安机关有权将其送往医疗机构进行精神障碍诊断。该条款对实施行政强制送治的主体、条件作了规定，但是违反了行政强制法的比例原则、明确性原则以及有关行政强制措施实施程序的规定，应属无效。因此，在实施行政强制送治时，公安机关应适用行政强制法有关当事人权利保护以及行政强制措施实施程序的规定。

本书第一章对《精神卫生法》中强制医疗程序进行深入分析和讨论。《精神卫生法》对住院治疗采取的是自愿原则，并规定在法定情形下可以采取强制住院治疗。强制住院治疗与自愿接受住院治疗是相对的，是指违背当事人意志，对当事人采取住院治疗的措施。《精神卫生法》对强制住院治疗的条件、程序等作出规定，本章从现行法律规定出发，分析该法对强制住院治疗规定的不足，在此基础上提出完善的对策。

本书第二章对我国台湾地区精神卫生制度作了较为详细的介绍。经过多年发展，我国台湾地区逐渐形成以患者权利保护为中心，强制住院、社区医疗等多种手段并存的针对精神障碍患者的诊疗体系。本章着重从我国台湾地区精神障碍患者享有的权利以及强制住院治疗和强制社区治疗进行简要分析，并对其进行评价。

本书第三章分析精神障碍患者享有的权利种类，并着重从知情同意权的角度阐述精神障碍患者权利存在的问题，指出构建保护人是完善患者权利保护的路径之一。

本书第四章着重分析医师告知义务的基本理论。《中华人民共和国民法典》（以下简称《民法典》）第1219条第1款规定了医疗告知义务的内容和形式，以此保护患者的知情同意权。案例显示，告知义务不仅限于第1219条规定的内容，还包括转诊告知、治愈率告知等义务。在美国，医师与患者利益冲突也是告知义务的内容。对比我国（含台湾地区）和美国的法律、案例，发现美国的医师告知义务更侧重对患者知情同意权的保护，而我国大陆和台湾地区则侧重告知义务的履行形式，对告知义务的违反意味着对患者知情同意权的侵犯。在美国，对侵犯知情同意权的责任形态区分故意和过失，而在我国大陆，通常不作区分，一般只认定为有过错。医疗告知义务履行的重要表现形式是知情同意书。本书结合证据法学的相关理论对知情同意书在诉讼中的作用进行简要分析。

# 目 录

**引言 疑似精神障碍患者的强制送治** …………………（1）
  一、精神障碍患者强制送治的二元路径——《刑事
    诉讼法》与《精神卫生法》的不同规定 ……（1）
  （一）现行规定 …………………………………（1）
  （二）刑事强制医疗和行政强制送治之间的
     关系 ………………………………………（2）
  二、行政强制送治的法律界定 …………………（3）
  三、《行政强制法》与行政强制送治 ……………（5）
  （一）《行政强制法》的基本原则与行政强制
     送治 ………………………………………（6）
  （二）行政强制措施的实施程序与行政强制
     送治 ………………………………………（7）

**第一章 精神障碍患者强制医疗程序** ……………（9）
  一、精神卫生法下患者自愿住院治疗研究 ………（9）
  （一）患者自愿住院治疗的立法沿革 …………（9）
  （二）自愿住院治疗患者的权利保护——
     对《精神卫生法》第44条的解释 ………（12）
  （三）自愿住院治疗患者权利保护的不足及
     完善 ………………………………………（13）

二、精神障碍患者强制住院治疗研究 ………… (15)
  （一）强制住院治疗的原则 ………………… (15)
  （二）强制住院治疗的适用条件 …………… (16)
  （三）强制住院治疗存在的问题及完善 …… (20)
三、精神障碍患者的医学保护性住院治疗 …… (21)
  （一）医学保护性住院治疗适用的条件 …… (22)
  （二）医学保护性住院治疗的缺陷 ………… (24)
  （三）《精神卫生法》第31条的另一种解释 … (29)
  （四）完善的措施——回归立法本义 ……… (35)
  （五）小　　结 ……………………………… (38)
四、精神障碍患者住院治疗类型的重构 ……… (39)
  （一）现行《精神卫生法》的分类 ………… (39)
  （二）现行分类的逻辑困境 ………………… (42)
  （三）"患者"住院类型的重构 ……………… (46)
  （四）小　　结 ……………………………… (47)
五、《刑事诉讼法》有关精神病人强制医疗
    程序 ……………………………………………… (47)
  （一）强制医疗的概念及性质 ……………… (48)
  （二）《刑事诉讼法》强制医疗程序现行规定及
      不足 ……………………………………… (49)
  （三）强制医疗程序的完善建议 …………… (51)

## 第二章　我国台湾地区精神卫生法律概论 ………… (55)
一、我国台湾地区"精神卫生法"中的患者权利
    保护原则 ………………………………………… (55)
  （一）患者享有的权利 ……………………… (56)

（二）严重患者的保护人制度 …………………… （57）
　　（三）对患者实施强制住院治疗、社区治疗许可
　　　　　制度 …………………………………………… （59）
　　（四）权利救济 …………………………………… （60）
二、我国台湾地区精神障碍患者强制社区治疗
　　研究 ……………………………………………… （61）
　　（一）强制社区治疗存在的合理性基础 ………… （62）
　　（二）实施强制社区治疗的条件 ………………… （63）
　　（三）对强制社区治疗的评价 …………………… （65）
三、我国台湾地区精神障碍患者强制住院治疗之
　　研究 ……………………………………………… （67）
　　（一）强制住院的条件 …………………………… （68）
　　（二）强制住院的救济 …………………………… （71）
　　（三）评　　价 …………………………………… （71）

**第三章　精神障碍患者权利保护** …………………… （73）
一、精神障碍患者权利种类、存在问题及完善 …… （73）
　　（一）《精神卫生法》中患者的权利 …………… （73）
　　（二）患者权利保护存在的问题 ………………… （76）
　　（三）《精神卫生法》患者权利保护的完善 …… （78）
二、强制医疗的精神障碍患者知情同意权保护
　　存在的问题及完善 ……………………………… （79）
　　（一）《精神卫生法》中患者知情同意权的
　　　　　内容 …………………………………………… （80）
　　（二）患者知情同意权保护的不足 ……………… （81）
　　（三）完善保护患者知情同意权的措施 ………… （83）

三、强制医疗的精神障碍患者保护人制度的
　　构建 …………………………………………（85）
　（一）我国台湾地区"精神卫生法"中保
　　　　护人的设置 ………………………………（85）
　（二）我国台湾地区"精神卫生法"中保
　　　　护人的义务和权利 ………………………（88）
　（三）《精神卫生法》中保护人制度
　　　　构建 ………………………………………（91）

## 第四章　医师告知义务 ……………………………（94）
一、医师告知义务的类型 ………………………………（95）
　（一）为取得患者同意接受治疗的告知
　　　　义务 ………………………………………（95）
　（二）疗养方法指示、指导的告知义务 ………（96）
　（三）转医告知义务 ……………………………（96）
　（四）单纯告知义务 ……………………………（97）
二、告知义务的主体、对象和内容 ……………………（98）
　（一）告知义务的主体、对象 …………………（98）
　（二）告知的内容 ………………………………（100）
三、美国医师违反告知义务的责任形态与
　　举证责任 ……………………………………………（106）
　（一）故意侵权行为及举证责任 ………………（106）
　（二）过失侵权行为与举证责任 ………………（108）
四、中国侵犯知情同意权的类型 ………………………（110）
　（一）侵犯知情同意权的类型 …………………（110）

（二）侵犯知情同意权的责任形态及
　　　　举证责任 ………………………………（116）
五、知情同意书作为书证 ………………………（118）
　（一）知情同意书的内涵和性质 ……………（119）
　（二）知情同意书与举证责任 ………………（121）
　（三）知情同意书在医疗诉讼中的运用 ………（122）

**参考文献** ………………………………………（125）

**附　　录** ………………………………………（130）
　1. 中华人民共和国精神卫生法 ………………（130）
　2. 杭州市精神卫生条例 …………………………（150）
　3. 武汉市精神卫生条例 …………………………（162）
　4. 上海市精神卫生条例 …………………………（173）

# 引言　疑似精神障碍患者的强制送治

在《中国精神病收治制度法律分析报告》❶中，笔者通过分析大量案例指出，一方面，应收治而不收治的精神病人威胁着公众的生命安全；另一方面，精神病院收治程序的不规范则意味着任何人都可能随时失去人身自由。正是在此意义上，精神障碍患者的权利保护以及"被精神病"问题引起了社会各界尤其是立法者的广泛关注。《中华人民共和国刑事诉讼法》（以下简称《刑事诉讼法》）有关精神障碍患者强制医疗程序和《精神卫生法》正是在这一大背景下通过的。立法者希望借助这两部法律的颁布，有助于维护公共秩序，维护精神障碍患者的正当权利，避免"被精神病"现象的发生。

## 一、精神障碍患者强制送治的二元路径——《刑事诉讼法》与《精神卫生法》的不同规定

（一）现行规定

《刑事诉讼法》对刑事强制医疗程序界定为准司法程

---

❶ 黄雪涛，刘潇虎，刘佳佳.中国精神病收治制度法律分析报告 [R]. 深圳衡平机构，2010：17.

序。该法规定强制医疗程序适用的对象是实施暴力行为，危害公共（人身）安全，经法定程序鉴定依法不负刑事责任，但有继续危害社会可能的精神障碍患者。强制医疗由法院合议庭负责审理，并在被申请人未委托诉讼代理人时，为其提供法律援助，以维护其合法权益。

与上述准司法程序相比，《精神卫生法》对疑似精神障碍患者送治采取的是行政程序，本书将其界定为行政强制送治。

《精神卫生法》第28条第2~3款规定，当疑似精神障碍患者实施危害自身或他人安全的行为，或者有实施前种行为的危险，公安机关应立即采取措施予以制止，并将其送往医疗机构进行精神障碍诊断。医疗机构不得拒绝为其作出诊断。该法同时规定，如果诊断结论、病情评估表明就诊者为严重精神障碍患者且已经发生危害他人安全的行为或者有危害他人安全的危险的，医疗机构应当对其进行住院治疗。

公安机关作为送治机关，对疑似精神障碍患者权利的影响是最主要的。"被精神病"主要发生在公安机关的送治过程中。

### （二）刑事强制医疗和行政强制送治之间的关系

从以上分析可以看出，刑事强制医疗和行政强制送治有诸多不同。

（1）二者适用的对象不同。前者针对的是已经实施了为刑法所禁止的并已经被鉴定为患有精神疾病、不负刑事责任的，并有继续实施危害行为可能性的行为人；后者针对的是已经实施或者有实施危害他人行为可能性的疑似精神障碍患者。

（2）二者适用的阶段不同。刑事强制医疗发生在诉讼程序中。在诉讼程序中，如果侦查机关、检察机关发现犯罪嫌疑人可能患有精神疾病而不须负刑事责任，可以先对其进行精神疾病的司法鉴定。如确实患有精神病且符合强制医疗条件的，可以启动强制医疗程序。而行政强制送治是发生在诉讼开始之前或者在刑罚执行过程中，对符合条件的疑似患者，公安机关应当将其送往医疗机构进行精神病鉴定，符合法定条件的可以实施强制住院治疗。

（3）二者适用的程序不同。刑事强制医疗适用的是准司法程序，由侦查机关、检察机关启动，法院组成合议庭负责审理强制医疗案件，被申请人及其近亲属不服法院决定可以向上一级法院提起复议。而行政强制送治遵循行政程序。只要当事人符合《精神卫生法》第28条第2款规定的条件，公安机关有权违反当事人意志，将其送往医疗机构进行精神障碍诊断。

刑事强制医疗由法院审理，而行政强制送治由行政机关自行决定。因此，在尚未启动诉讼程序时，公权力机关有权对违法行为人实施强制送治直至强制住院治疗而避免诉讼程序，从而造成对法律的选择性适用。

## 二、行政强制送治的法律界定

根据《精神卫生法》的规定，行政强制送治是指在疑似精神障碍患者实施危害自身及他人安全的行为或者存在危害自身及他人安全的危险时，公安机关所采取的予以制止，将其送往医疗机构进行精神障碍诊断，并在符合法定条件时对其实施强制住院治疗的行为总称。其具有以下特征。

### 1. 强制性

《精神卫生法》第 27 条规定，精神障碍诊断实行自愿原则，除非法律有特别规定，否则不能违背当事人意志对其进行精神障碍的医学检查。而该法第 28 条第 2 款规定，公安机关在法定条件下应当将行为人送往医疗机构进行精神障碍的诊断。行为人对违反其意愿的强制送检行为无法拒绝。因此可以推定公安机关的送检行为是违背当事人意志的。

### 2. 限制或者剥夺人身自由

人身自由包括身体行动的自由与精神活动的自由，身体行动的自由是自然人根据自己的愿望自由支配自己外在身体运动的权利；精神活动自由的实质为意思决定自由，是自然人进行意思表示或者其他民事活动的意志决定自由。[1] 在这里主要强调的是身体行动的自由。

行政强制送治是对公民人身自由的限制甚至剥夺。这是由强制性引申出来的，因为违背当事人意志将其送检甚至住院治疗在一定程度上就是对其人身自由的限制或剥夺，而且《精神卫生法》没有对住院治疗的最高期限作出规定，这将导致当事人的人身自由可能在很长时间内被剥夺。

### 3. 预防性

预防性也可以称为保安性，是指对精神障碍患者实施

---

[1] 冉克平. 论人格权法中的人身自由权 [J]. 法学，2012，58 (3)：76.

强制医疗有保护他人免受其伤害的目的。预防性强调的是社会防卫的思想,其正当性在于当精神障碍患者与社会大众利益发生冲突时,国家为了保护后者而对前者的权利作出较多的限制。

除了上述三个特征之外,行政强制送治还具有治疗性。但是对于当事人来说,强制性和对人身自由的限制或者剥夺是最直接的,对其权利影响最大,也是行政强制送治需要法律严格规制的原因。

基于以上原因,行政强制送治应当是"行政机关在行政管理过程中,为制止违法行为、防止证据损毁、避免危害发生、控制危险扩大等情形,依法对公民的人身自由实施暂时性限制……的行为",其实质为限制人身自由的行政强制措施,应受《中华人民共和国行政强制法》(以下简称《行政强制法》)的规制。

## 三、《行政强制法》与行政强制送治

《中华人民共和国宪法》(以下简称《宪法》)第 37 条规定,公民的人身自由不受侵犯。任何公民,非经人民检察院批准或者人民法院决定,并由公安机关执行,不受逮捕。基于此,《中华人民共和国立法法》(以下简称《立法法》)第 8 条规定,对公民人身自由的强制限制和处罚,只能由最高权力机关制定法律,其他立法主体不得设定限制人身自由的强制措施或处罚,当然其可以根据法律制定实施细则性质的规范性文件,此乃法律的绝对保留事项。因此,行政机关在实施限制人身自由的强制措施时,必须符合法律保留原则,即行政机关作出限制人身自由的强制措施的依据只能是最高权力机关制定的法律,而不能是其他规范性文件。

《行政强制法》是设定和实施行政强制的基本法,其他有关行政强制的立法不得与之相抵触。因此,《精神卫生法》中有关行政强制送治的规定不得与《行政强制法》相抵触,否则按照《立法法》的规定,前者相关规定无效。

### (一)《行政强制法》的基本原则与行政强制送治

(1)《精神卫生法》第28条第2款违反了比例原则。《行政强制法》第5条规定,行政强制的设定和实施,应当适当。采取非强制手段可以达到行政管理目的的,不得设定和实施行政强制。这是比例原则在行政强制中的体现。比例原则的核心内容是"最小损害",即行政机关为实现行政目的,在有多种手段、多种方法、多种途径可供选择时,应选择其中对相对人"最小损害"的手段、方法和途径。❶

因此,对疑似精神障碍患者的行政强制措施的设定和实施应该遵循比例原则的要求。❷ 根据《精神卫生法》第28条第2款规定,对疑似精神障碍患者实施危害行为或者有实施危害行为的危险的,公安机关在制止后,应将其送往医疗机构进行精神障碍诊断。此条规定违反了比例原则的要求。在尚未实施危害行为时,当事人的人身自由、隐

---

❶ 姜明安. 行政强制法的基本原则和行政强制设定权研究 [J]. 法学杂志, 2011, 32 (11): 7.
❷ 戴庆康, 李波. 精神障碍患者非自愿住院医疗法律规制之原则 [J]. 医学与哲学, 2013, 34 (4A): 68-72.

私权优越于公共秩序,而非相反。因此立法者在此情形下应当选择对当事人权利损害较小的方式,而非一律授权行政机关将当事人送至医疗机构进行精神障碍的诊断。

(2)"疑似"之用语具有不确定性、不明确性,违背行政强制的明确性原则,实践中可操作性不强。"疑似"的判断主体是公安机关,也由其将当事人送至医疗机构,对此被送治主体不能拒绝。这将导致行政机关行政强制权力过大,从而造成任何人都有"被送治""被精神病"的可能。

(3)《精神卫生法》第28条第2款违反了《行政强制法》有关当事人权利保护条款。《行政强制法》第8条明确规定在行政强制过程中,当事人享有陈述权、申辩权,即为自己辩护的权利。行政机关不能以当事人为疑似精神障碍患者而不听取其辩护,因为对精神疾病的判断主体是医疗机构,而非公安机关,在当事人未被确诊前,都应推定其没有精神障碍。而《精神卫生法》第28条第2款直接授权公安机关将当事人送往医疗机构进行精神障碍检查,不告知当事人享有的权利,不听取当事人的任何陈述、申辩,这是行政权专横的表现。按照《行政强制法》的规定,这是重大的行政程序瑕疵,是法院撤销行政行为的原因之一。

(二)行政强制措施的实施程序与行政强制送治

《行政强制法》规定了实施行政强制措施的一般程序。该法第20条规定,行政机关实施限制公民人身自由的行政强制措施时,应当告知当事人采取行政强制措施的理由、依据以及当事人依法享有的权利、救济途径,需要听取当事人的申辩和陈述，还应当告知或者实施行政强制措施后立即通知当事人家属实施行政强制措施的行政机关、地点和期限。而《精神卫生法》对行政强制送治的实施程序没有作出任何规定，只是规定公安机关采取措施制止违法行为，后将当事人送往医疗机构进行精神障碍诊断。也就是说，送至医疗机构表示公安机关完成了其法定职责，无须通知家属、实施行政强制措施的机关，也无须制作笔录。这将导致被害人在被剥夺人身权利后无法得到家属的帮助，处于孤立无援的境地，如江西叶某某案。❶ 在此意义上，《精神卫生法》第 28 条第 2 款违反了《行政强制法》有关行政强制措施实施程序的规定。

因此，在《精神卫生法》的有关条款违反《行政强制法》的情况下，应该适用《行政强制法》有关当事人权利保护以及行政强制措施实施程序的规定，否则将构成重大瑕疵，属于可撤销的行政行为。

---

❶ 黄雪涛，刘潇虎，刘佳佳. 中国精神病收治制度法律分析报告 [R]. 深圳衡平机构，2010：17.

# 第一章　精神障碍患者强制医疗程序

2013年5月1日正式生效的《精神卫生法》对住院治疗采取的是患者本人自愿为原则，以强制住院治疗为补充的折中原则。患者本人自愿住院治疗符合患者本人的意愿，也达到尊重患者本人权利的目的。自愿住院治疗为那些该收治而没有收治的患者提供了获得医疗资源的机会。❶

## 一、精神卫生法下患者自愿住院治疗研究

### （一）患者自愿住院治疗的立法沿革

在《精神卫生法》颁布之前，有六个城市制定了本地区的精神卫生条例，分别是上海、北京、武汉、杭州、无锡、宁波，其中制定最早的是上海市（2001年）。在这些地方性法规中都针对自愿住院治疗作了规定。

1. 自愿住院治疗的主体

纵观上述六个地方性法规，只有《上海市精神卫生条例》（2001）第29条对自愿住院治疗的主体作出了规定，"有自知力的患者可以自行决定是否住院治疗"。该条规

---

❶ 黄雪涛，刘潇虎，刘佳佳. 中国精神病收治制度法律分析报告 [R]. 深圳衡平机构，2010：9.

定也给出院限制了相同的条件:"有自知力的精神疾病患者提出出院要求的,医疗机构应当准予出院。"其他市的精神卫生条例一般只是规定,只要患者出于自愿就符合自愿住院治疗的前提条件,对患者是否具有"自知力"没有规定。《上海市精神卫生条例》没有对自知力作出进一步解释。

根据学者研究,自知力是一个医学学术用语,❶ 又被称为内省力,是指患者对其本人的精神状态的认知能力,对自己异常的表现能否正确分析和判断。1989年,大卫(David)提出三维学说,认为自知力包括对疾病的认知、对精神病性经验的正确分辨和描述以及对治疗的顺从性三个方面。对自知力的评定,郑成畴等❷根据患者对精神症状的认知程度分成四级评分:①存在(1分),正确认识全部精神症状,回忆发病经过,并具批判能力;②基本存在(2分),认识大部分精神症状,基本可回忆发病经过,具批判能力;③部分存在(3分),认识部分精神症状,但不能回忆发病经过,无批判能力;④丧失(4分),否认有病,对所有的精神症状均无认识。

总之,自知力是对患者作出精神障碍的诊断结论后,对其认识能力作出的一种评价,在尚未对患者进行精神障碍诊断前,执业医师不可能仅凭感觉来判断当事人的自知力。而且自知力在医学上分成数个等级,而《上海市精神

---

❶ 李莉,陈俊,王祖承. 有关自知力的研究 [J]. 临床精神医学杂志,2009 (5):351.

❷ 郑成畴,黄航,林致浮,等. 精神分裂症患者自知力的临床评价附45例分析 [J]. 临床精神医学杂志,1995 (5):211-213.

卫生条例》也未能将自知力明确规定为哪个等级。因此，笔者认为《上海市精神卫生条例》对此规定不符合常理，为后来其他地方和中央层面立法所不采纳。

2. 自愿住院治疗患者的出院条件

针对自愿住院治疗患者的出院问题，上述地方性法规的规定可以归结为以下几种。

（1）患者可以自由出院。《宁波市精神卫生条例》第33条规定："除强制住院治疗以外，具有主治医师以上职称的精神科执业医师认为精神障碍者不宜出院而其本人或者监护人坚持出院的，医疗机构应当告知不宜出院的理由，并在病历中记录。"按照该条规定，患者或者监护人有选择最终出院的权利。《杭州市精神卫生条例》第33条有类似规定。此说为后来的《精神卫生法》所采纳。

（2）患者可以选择出院，但是监护人（近亲属）有最终同意权。此条件为北京市、无锡市、武汉市所采纳。如《北京市精神卫生条例》第29条第2款："自愿住院接受治疗的精神疾病患者，可以自行决定出院；精神科医师认为不宜出院的，应当告知理由，由其监护人或者近亲属决定是否出院，并由医疗机构在病历中记录。"笔者认为，此种规定暗含两个前提条件：第一，住院治疗将有利于患者疾病的康复；第二，患者本人不能表达自己的意志，只能由其监护人或者近亲属代行其意思。

（3）有自知力的患者可以自行出院。这是《上海市精神卫生条例》第41条所采取的条件。如上所述，自知力有不同的分类，这里的自知力属于哪一种，由谁判断，法律没有明确规定。这就造成患者自愿住院，但是其出院只能听由医生的指示，医院才是最后的"裁判者"。此种规定严重侵害了患者的拒绝治疗权、出院权，也不为后来的《精神卫生法》所采纳。

**（二）自愿住院治疗患者的权利保护——对《精神卫生法》第 44 条的解释**

《精神卫生法》第 30 条规定，精神障碍的住院治疗实行自愿原则。该法第 44 条同时规定，自愿住院治疗的精神障碍患者可以随时要求出院，医疗机构应当同意。因此对于自愿住院治疗的患者本人享有出院权，医疗机构不得阻碍。从字面上来看，《精神卫生法》对住院和出院都没有设置任何条件。那么是否意味着在任何条件下，当事人都享有住院权和出院权呢？这就需要对上述条文进行一定的解释。

1. 自愿住院治疗的含义

自愿住院与强制住院相对应，其是指患者本人作出住院治疗的意思表示，而非违背其意志的。这与将其送到医疗机构进行诊断、治疗的主体无关，也就是说公安机关、监护人或者近亲属将疑似精神障碍患者送至医疗机构进行诊断、治疗，其本人作出自愿住院治疗的意思表示的，也应属于自愿住院治疗的范畴。

2. 医疗机构是否承担提供住院治疗的义务

根据《精神卫生法》第 28 条第 3 款的规定，医疗机构接到送诊的疑似精神障碍患者，不得拒绝为其作出诊断。此乃医疗机构的强制诊断义务，医疗机构不得以任何借口拒绝为疑似精神障碍患者提供诊断。而该法第 30 条同时规定了住院治疗实行自愿原则，那么是否意味着医院承担着为任何自愿住院治疗的患者提供住院治疗的义务呢？答案是否定的。住院治疗还需符合一定的条件。而《精神卫生法》没有明确规定具体的条件。笔者认为，如果当事人具有《精神卫生法》第30条第2款情形的，医院应该为其提供住院治疗的服务。也就是说，医疗机构在患者提出住院治疗的请求后，应该审查患者的病情是否符合住院的条件，如果符合必须安排其住院接受治疗。

3. 患者是否享有出院自由

如上所述，自愿住院治疗的患者可以随时要求出院，医疗机构应当同意。那么是否意味着患者在任何情况下都可以要求出院呢？从《精神卫生法》第44条的规定来看，只要住院是自愿的，那么出院也是自由的。但是如果自愿住院治疗的是该法第30条的患者呢？根据法律规定，在此情况下，患者本人没有自由出院权，而患者的监护人或者医疗机构享有出院权。

所以在出院权方面，患者的权利还是要受到监护人或者医疗机构的极大限制。在很多情况下，其并不享有完全意义上的出院自由。

**（三）自愿住院治疗患者权利保护的不足及完善**

1. 医疗资源的有限性和医疗费用的自负，导致患者不享有住院权

（1）医疗机构的商业性运作和医疗费用由个人承担，造成很多患者应该住院治疗而不能住院的后果，这也给患者本人以及他人造成很大的安全问题，如广东精神障碍病

患者陈某某弑兄案。❶

为了解决患者的治疗费用问题，在吸收先前的《精神卫生条例》的基础上，《精神卫生法》第68条规定，对于严重精神障碍患者，应当组织医疗机构免费为其提供公共卫生服务。应将精神障碍患者的医疗费用纳入社会保险支付。

（2）政府部门不得对申请加入社会保险的精神障碍患者及其监护人进行歧视，符合条件的应及时办理社会保险手续。对政府部门的歧视、不作为，精神障碍患者及其监护人可以向法院提起行政诉讼。

（3）医疗救助是服务行政的重要内容，是给付行政区别秩序行政的重要内容。笔者认为民政部门应对医疗救助的申请条件在公众场所及时公布。对符合条件的申请人及时给予救助，申请人认为民政部门的不给付决定或者其他不作为行为侵害其利益，有权向法院提起行政诉讼。

2. 患者出院权受到限制

一方面，《精神卫生法》第44条第1款只是规定自愿住院治疗的患者可以随时出院，医疗机构应当同意。医疗机构没有裁量的空间。但是如果医疗机构不同意患者出院，不为其办理出院手续呢？该法对此没有规定患者此时应如何救济。笔者认为既然患者出院是其权利，医院基于医疗合同有为患者办理出院手续的义务，医院如果不履行此项义务，则构成违约，按照法律的规定应当承担违约责任。《精神卫生法》应当明确规定医院此时承担的违约责

---

❶ 黄雪涛，刘潇虎，刘佳佳. 中国精神病收治制度法律分析报告［R］. 深圳衡平机构，2010：9.

任的形式、违约金等。

另一方面，符合《精神卫生法》第 30 条第 2 款规定的患者，即便其为自愿住院接受治疗，其在出院时仍然需要得到监护人或者医疗机构的同意，才能办理出院手续。

笔者认为，当患者与医疗机构就出院问题产生纠纷时，可以考虑引入第三方或者诉诸法院。在裁决或者法院审理的过程中，由医疗机构承担举证证明患者不符合出院条件的责任。由法院在听取医疗机构的陈述后，对患者是否符合该法第 30 条第 2 款的条件作出评估。

患者自愿住院治疗和出院是其权利的行使，在遇到纠纷时，医疗机构应尊重患者的权利，请求法院作出裁决，以维护患者的权利和公共利益。

## 二、精神障碍患者强制住院治疗研究

《精神卫生法》对住院治疗采取的是自愿原则，并规定在法定情形下可以采取强制住院治疗。强制住院治疗与自愿接受住院治疗是相对的，是指违背当事人意志，对当事人采取住院治疗的措施。《精神卫生法》对强制住院治疗的条件、程序等作出规定，以下拟从现行法律规定出发，分析该法对强制住院治疗规定的不足，在此基础上提出完善的对策。

### （一）强制住院治疗的原则

根据《精神卫生法》第 30 条的规定，在该条第 1 款以外实施的住院治疗均可以将其归结为违背当事人意愿。

由于强制住院治疗具有限制人身自由性质，所以对当事人采取住院治疗的适用对象、种类、期限、法律责任等实体性内容和适用程序、救济途径等程序性内容均应有相应明确的法律规定，在法律规定之外，不得对公民适用强制措施。❶ 这就是住院治疗的法定原则。

法定原则构成了对送治主体（同意权主体）以及收治主体的限制。精神障碍患者的监护人只有在符合《精神卫生法》规定的条件时，才能将患者送至医院住院治疗。对精神障碍患者的看护是监护人的法定职责，其不能对不需住院治疗的患者，将其送至医院住院治疗，从而摆脱自己的监护义务。在实际案件中，还有近亲属将精神障碍患者送至医院住院治疗是为了取得精神障碍患者财产的监护权，从而损害精神障碍患者的合法权益，如江苏的朱某某案。❷ 这些情形严重损害了精神障碍患者的合法权益，同时损伤了亲属之间的感情基础。

法定原则也构成对收治机构的限制。治疗机构必须严格按照法律规定的条件，在必要条件对精神障碍患者实施住院治疗，不能滥用住院治疗，从而损害当事人的合法权益。笔者认为对于自愿提出住院治疗的精神障碍患者，是否符合法定住院治疗条件也需进行一定的审查，以免造成医疗资源的浪费。

（二）强制住院治疗的适用条件

根据《精神卫生法》第30条第2款规定，强制住院治疗需符合法定条件。

---

❶ 张文婷. 对精神病人民事强制住院若干问题的法律思考 [J]. 延边大学学报（社会科学版），2010（4）：140.

❷ 黄雪涛，刘潇虎，刘佳佳. 中国精神病收治制度法律分析报告 [R]. 深圳衡平机构，2010：12.

1. 实体要件

（1）诊断结论、病情评估报告表明，就诊者为严重精神障碍患者。

根据法律规定，由精神科职业医师根据国家医学标准作出精神障碍的诊断，没有国家医学标准的可以参照国际医学标准，且医疗机构对送诊的疑似患者没有拒绝诊断权，其必须为其作出诊断。精神科职业医师与患者有人身或者财产利害关系的是否应该回避，对此《精神卫生法》没有作出规定。但是有些地方性法规对此作出了规定，如《北京市精神卫生条例》第28条。

《精神卫生法》第28条规定了广泛的送诊主体范围，包括近亲属、所在单位、公安机关以及民政部门，但是《精神卫生法》对送诊条件的规定非常含糊，可以说任何人在任何条件下都有可能成为被送诊的主体，因此，笔者认为医疗机构在当事人非自愿就诊时，应该对是否符合精神障碍诊断的条件进行初步审查，而对此应由送诊主体承担举证责任，送诊主体还应该举证证明本人与当事人没有利害冲突，在此过程中还应当听取当事人的陈述、申辩，并将送诊主体的证据与当事人的申辩、陈述记录在案，否则医疗机构应当向当事人承担侵权责任。

（2）当事人发生伤害自身的行为或者有伤害自身危险的。

在此情况下，监护人对实施住院治疗有同意权，监护人不同意的，不得对其实施住院治疗。这也被称为医学保护性住院治疗。在《精神卫生法》未颁布之前，关于医学保护性住院治疗的条件各地方性法规不完全一致。《北京市精神卫生条例》第30条对实施医学保护性住院治疗的条件是当事人"经诊断患有重性精神疾病",类似的规定还有《无锡市精神卫生条例》第26条,而《上海市精神卫生条例》(2001)第30条将条件定性为"具有主治医师以上职称的精神科执业医师认为完全或者部分丧失自知力且必须住院治疗的",该法没有对自知力作出明确规定,而且在此情况下,监护人必须同意。《武汉市精神卫生条例》(第29条)和《杭州市精神卫生条例》(2006)(第28条)采取的是"执业医师认为不能辨认或者不能控制自己行为"的标准。笔者认为北京市、无锡市采取的是医学标准,而其他四个地方性法规采取的是法学标准。而《精神卫生法》实施后将上述标准统一为医学标准。

(3)当事人实施了危害他人安全的行为或者有伤害他人的危险的。

这种行为被称为保安性住院治疗。在此情况下,医疗机构可以对当事人实施强制住院治疗,当事人及其监护人有权对医疗机构的强制住院治疗结论提出异议,不同意对患者实施住院治疗的,可以要求再次诊断和鉴定。

《精神卫生法》规定了对原住院结论的两级审查机制:对原住院结论不服的,有权主体可以向原医疗机构或者其他具有合法资质的医疗机构提出再次诊断的申请,对再次诊断不服的,可以自主委托取得执业资质的鉴定机构进行精神障碍医学鉴定。如果再次诊断结论或者鉴定报告表明,需要对当事人实施住院治疗的,其监护人应当同意。也就是说,对当事人的精神障碍的医学鉴定为终局决定,对此不服的不能再次提出异议申请。

《精神卫生法》就精神障碍的诊断和异议的规定比各

地方的精神卫生条例有一定的进步。其进步体现在两点：一是可以向原医疗机构以外的其他机构提出再次诊断或鉴定的申请，而综观各地方的精神卫生条例，有权主体对原诊断结论有异议的只能向院医疗机构提出诊断复核或者会诊申请，[《北京市精神卫生条例》第27条、《上海市精神卫生条例》（2001）第25条等]；二是诊断结论或者鉴定报告表明，不能确定就诊者为严重精神障碍患者的或者患者不需要住院治疗的，医疗机构不得对其实施住院治疗。也就是对诊断结论存疑时，应当作出有利于当事人的决定，而作为地方性法规的精神卫生条例则规定，再次诊断结论未能确诊的，医疗机构应当组织会诊，这是典型的"有病推定"。但是《上海市精神卫生条例》（2001）第37条规定，患者或者其监护人对诊断复核或者会诊结论有疑义的，可以向市精神疾病司法鉴定专家委员会申请鉴定。这一规定，是其他地方性法规以及后来的《精神卫生法》没有的。笔者认为这明显具有进步性。

2. 程序要件

（1）送治主体。

医疗机构不能主动将当事人收治入院，其只能根据申请。根据《精神卫生法》的规定，送治主体非常广泛，包括民政部门、近亲属、所在单位以及公安机关，其他单位和个人不具有送治主体的资格，在发生疑似精神障碍患者发生危害行为时，可以将其制止，并移交公安机关，由公安机关进行处理。在《精神卫生法》实施之前，送治主体还可以是居民委员会（村民委员会）。医疗机构在收治时一定要审查送治主体的资格，对具有主体资格的个人或机构的送治不能接受，但是可以告知其按照《精神卫生法》有关规定处理。

(2) 住院手续。

对于住院手续，原则上由本人办理，但是本人没有办理能力的由其监护人代行；患者属于流浪乞讨人员的由送诊的有关部门办理住院手续；对属于保安性强制住院治疗，监护人不办理住院手续的，由患者所在单位、村民委员会或居民委员会办理。

### (三) 强制住院治疗存在的问题及完善

1. 住院结论异议权有限

如上所述，对住院结论不服的，可以向医疗机构或者其他单位提出复诊，对复诊结论仍不服的，可以自主委托有资质的其他医疗机构进行医学鉴定。但是根据《精神卫生法》第32条第3款的规定，该医学鉴定机构是为原医疗机构所承认的，这造成鉴定机构与医疗机构产生一定的利害关系，而使其不具有程序上的公正性，应该属于回避的对象。

另外，《精神卫生法》没有对诊断、复诊、鉴定的时间作出限制，而根据该法第35条第3款的规定，再次得出诊断结论、鉴定报告前，医疗机构对收治的精神障碍患者实施住院治疗。这将使患者在较长的时间内得不到诊断结论而人身自由又被剥夺，严重侵犯了患者的知情权和人身自由。

笔者认为，对此可以考虑引入司法鉴定。对诊断结论不服，患者或者其监护人可以直接向独立的司法鉴定中心申请精神病司法鉴定，避免复诊、鉴定的冗长程序。

### 2. 谁来判断患者实施了危害行为或有实施危害的危险

现实生活中出现很多近亲属将配偶、兄弟等送至医疗机构，并要求医疗机构对其实施住院治疗的，而医疗机构往往将没有精神疾病的人强行收治，剥夺当事人的人身自由，这对医疗机构及其医护人员的执业道德造成很大的损害，同时也涉及医疗机构收治的标准问题。《精神卫生法》第30条第2款规定了实施强制住院治疗的条件，但是《精神卫生法》并没有规定由谁判断——"有伤害自身的危险""有危害他人安全的危险"——由谁来承担举证责任。这将造成收治没有门槛，任何人都有可能成为被收治的对象。

对此，笔者认为，应该引入司法程序。具体设想是，在有关单位或个人将患者送至医疗机构后，应立即向法院提起确认患者"无民事行为能力"之诉。由法院确认患者是否具有民事行为能力，从而保护其合法权益不受损害。如果相关单位或者个人不提起诉讼的，医疗机构将不得对患者实施住院治疗。

《精神卫生法》不但是健康法，更是保障人权的基本法律。在保障社会秩序的同时，应当注重保护精神障碍患者的合法权利，此项工作任重而道远。

## 三、精神障碍患者的医学保护性住院治疗

面对现实生活中出现的"应该救治而得不到救治""不该救治的被收治"（被精神病）[1]这一现象，第十一届

---

[1] 黄雪涛，刘潇虎，刘佳佳. 中国精神病收治制度法律分析报告［R］. 深圳衡平机构，2010：10-17.

全国人大常委会第二十九次会议通过了《精神卫生法》，并于2013年5月1日施行。该法的立法宗旨在于维护精神障碍患者（以下简称"患者"）的合法权益，规范、限制"送治"和医疗机构的治疗行为，避免"被精神病"现象的出现。"徒法不足以自行"，该法能否真正达到上述目的为各界所关注。以下以《精神卫生法》第31条规定的医学保护性住院治疗为中心，探讨适用的条件，指出其存在的问题，并分析这些问题存在的原因，在此基础上提出完善的具体措施。

## （一）医学保护性住院治疗适用的条件

根据《精神卫生法》第31条规定，医学保护性住院是指，诊断结论、病情评估表明，就诊者为严重精神障碍患者，并已经发生伤害自身的行为或有伤害自身的危险的，经其监护人同意，医疗机构应当对患者实施住院治疗。医学保护性住院并非《精神卫生法》中的术语，而是学者根据实践结合先前《精神卫生条例》总结出来的。根据该条规定，医学保护性住院治疗的条件有以下几个方面。

1. 实体条件

（1）行为人患有严重精神疾病。严重精神疾病是指行为人疾病症状严重，导致患者社会适应等功能严重损害、对自身健康状况或者客观现实不能完整认识，或者不能处理自身事务的精神障碍。由该定义可以看出，严重精神障碍患者的认识能力是"不能完整认识"，而行为能力可能是"不能处理自身事务"，并不是所有的严重精神障碍患者认识、判断能力完全丧失，从而归于无民事行为能力人。换言之，严重精神障碍患者也可能具有认识能力、判断能力、行为能力，成为限制行为能力。

（2）行为人实施了伤害自身的行为或者有伤害自身的危险。此种"伤害"（行为或危险）需要达到何种程度，《精神卫生法》没有作出具体规定。这实际上给予送治主体（近亲属、所在单位、当地公安机关）相当大的裁量权，判断行为人是否应当被送治。这很可能造成近亲属为了争夺财产而故意将行为人送到医疗机构进行诊断，而根据《精神卫生法》第28条第3款的规定，医疗机构对被送治的疑似患者必须留院进行诊断。对疑似患者人身权利剥夺将是医疗机构与送治主体"共谋"的结果，如江苏的朱某某案。❶

2. 程序条件

（1）行为人自行到医疗机构进行诊断或者有法律授权的主体将其送治医疗机构进行诊断。按照《精神卫生法》第28条的规定，法定送治主体包括近亲属、所在单位、当地公安机关。根据《民法典》第1045条第2款规定，近亲属包括配偶、父母、子女、兄弟姐妹、外祖父母、孙子女、外孙子女，而现实生活中出现较多的情况是配偶（如广州的何某某案）或者父母（如江苏的朱某某案）。笔者认为《精神卫生法》第28条的规定有以下两种意义：第一，送治主体的法定性决定了其他主体无权将疑似精神障碍患者送至医疗机构进行诊断；第二，医疗机构有义务对送治主体的身份进行核实，由送治主体对本人及疑似患

---

❶ 黄雪涛，刘潇虎，刘佳佳. 中国精神病收治制度法律分析报告［R］. 深圳衡平机构，2010：10-17.

者的身份进行证明，对其他主体的送治不予接受。违反规定接受送治的要与非法送治主体承担连带侵权责任。但是《精神卫生法》对此没有明确的规定。

（2）监护人对医疗机构需要住院治疗的诊断结论表示同意。《精神卫生法》第31条将医学保护性住院治疗的同意权单独授予监护人，患者本人不享有，患者也不享有对医疗机构之诊断结论、病情评估报告提出重新诊断或者鉴定的权利。与此相反，患者对保安性住院治疗结论有权提出异议，并且有权要求再次诊断和鉴定，对再次诊断结论有异议的，还可以自主委托依法取得执业资质的鉴定机构进行精神障碍医学鉴定。

（二）医学保护性住院治疗的缺陷

1. 送治主体宽泛、送治条件不具有可操作性、医疗机构收治没有任何条件

如上所述，送治主体包括近亲属、当地公安机关、所在单位等，送治条件为"伤害自身或有伤害自身的危险"，但是如何掌握这一条件，在送治时由谁来证明等《精神卫生法》没有加以规定。另外，法律规定医疗机构对被送治的患者必须留院进行诊断，无须对送治的条件进行审查，这将造成行为人在任何场所、在任何条件下都有可能被任何主体强行送治且将被医疗机构强行收治，而现实生活中的例子也证实了这一点。

2. 监护人条件、产生程序等不明确

按照《民法典》的规定，监护有两种：一种是对未成年人的监护，另一种是对无民事行为能力人或限制行为能力人的监护，而后者的对象主要是患有精神疾病的成

年人。

在《精神卫生法》第 31 条，近亲属的角色变成监护人，即当疑似患者被诊断为患有严重精神疾病时，监护人就自动产生，进而可以作出是否同意的意思表示。

《精神卫生法》第 31 条没有规定监护人产生的条件和程序，是否适用《民法典》关于成年监护人产生的条件和程序，没有作出明确规定。这将造成医疗机构将送治主体（特别是配偶或者父母时）当然地理解成监护人。如在江苏朱某某案中，其母亲为得到朱某某名下的房产，强行将其送治到医疗机构接受"住院治疗"后，在社会对这一"不该收治而收治"的案例进行广泛报道后，医院在巨大的压力下，向其母亲发出律师函要求其"履行监护人的职责和义务"。在这一案例中，其母亲作为"监护人"，在采访中公开声称"（朱）如果不写（房产）委托书，就是病没好透，我是不可能把她接回来的"。笔者认为这一表态，明显违反《民法典》关于监护人设置的目的以及监护人职责的规定："保护被监护人的身体健康，照顾被监护人的生活、管理和保护被监护人的财产……"在这种情况下，医疗机构将其母亲视为"监护人"，而事实上其母亲作为"监护人"的利益与患者的利益发生冲突，已无法公正地履行监护人职责。《精神卫生法》对此情况该如何处理，并未作出规定。因此，笔者认为，《精神卫生法》对监护人的资格、条件、产生的程序等问题未作出规定，存在重大缺陷。

另外，如上所述，成年人设置监护人的条件是，"无民事行为能力或者限制行为能力的精神病人"，即无民事行为能力或限制行为能力构成监护成立的必要条件，仅仅患有精神病不足以满足这一条件，而根据《民法典》第24条的规定，只有法院拥有宣告精神病人为无民事行为能力人或者限制民事行为能力人之独享权力，其他单位或个人无权作出这一宣告或认定。因此，在行为人未被法院宣告为无民事行为能力人或限制行为能力人之前，《精神卫生法》第31条中的监护人就自动产生进而授予其同意权，违反了《民法典》以及《民事诉讼法》有关行为能力宣告的实体和程序之规定。

3. 医学保护性住院治疗决定程序缺乏公正性

如上所述，《精神卫生法》第31条实施住院治疗的程序是医疗机构提出住院建议后，由监护人表示同意与否，监护人不同意的，医疗机构不得对其实施住院治疗。在这里患者完全成为被处置的对象，不能对需要住院的诊断结论提出异议，要求重新诊断或者鉴定，监护人无须征求患者的意见有权独自作出同意的意思表示。笔者认为，该项规定将限制人身自由的决定权授予个人（监护人），此一决定是行政处罚还是行政强制措施，《精神卫生法》对此没有作出界定。并且这种决定的作出完全取决于监护人的个人意志和喜好，无须经过任何法律程序，对患者来说是"未经正当法律程序而剥夺其人身自由"。

而在保安性住院程序（《精神卫生法》第32条）中，患者本人有权对诊断结论、评估报告提出异议，并有权要求再次诊断或鉴定，对再次诊断结论不服的，还可以向有资质的医疗机构申请医学鉴定。两相比较，前者程序中患者权利明显弱于后者。《精神卫生法》第31条剥夺了患者对住院决定程序的参与权以及对"精神病"结论的异议权,而这忽视了"精神病"这一标签对患者意味着很多重大权益的丧失,如升学、就业、婚姻、工作等,此一严重忽视患者权益的程序明显缺乏正当性和最低限度的公正性。而先前各地通过的精神卫生条例中(如《北京市精神卫生条例》第 27 条、《上海市精神卫生条例》第 37 条等)大多规定,患者对医疗机构的诊断结论享有异议权,可以申请重新诊断或者鉴定(甚至包括司法鉴定)。《精神卫生法》将这一权利删除,是较大的倒退。

4. 与自愿住院治疗的关系不明确

根据《精神卫生法》第 30 条的规定,住院治疗实行自愿为原则,强制为例外。但是纵观《精神卫生法》全文,没有出现"强制"一词,强制住院治疗的本质归结为违背患者本人意志。对《精神卫生法》来说,强制住院治疗(也有学者称为非自愿住院治疗❶)是一学术用语而非法律用语。区分自愿住院与强制住院的意义在于根据《精神卫生法》第 44 条的规定,自愿住院患者享有随时出院权,而强制住院患者不享有,后者出院必须经过其监护人同意或者医疗机构同意。

但是《精神卫生法》第 30 条第 1 款的自愿住院和第 31 条的医学保护性住院关系如何呢?该法对此并未完全作出区分。自愿住院的主体是精神障碍患者,在这里并未区分其是一般患者还是严重患者,即严重精神障碍患者也可能作出自愿住院治疗的意思表示,此时并不能适

---

❶ 戴庆康,李波. 精神障碍患者非自愿住院医疗法律规制之原则 [J]. 医学与哲学,2013(4A):68-72.

用该法第30条第2款的"应当对其实施住院治疗"这一规定。但是考察该法第31条的规定，该条将对严重患者实施的医学保护性住院治疗的同意权单独授予监护人，而剥夺了患者作出自愿住院治疗的意思表示之权利（该法第31条暗含的台词是严重患者已经完全丧失了作出意思表示的能力，为无民事行为能力者）。这与第30条的规定是不相符的，违反了以自愿为主，以强制为例外的住院治疗原则。

简言之，按照《精神卫生法》第30条第1款的规定，严重患者可作出自愿住院的意思表示，而该法第31条却将此一权利予以剥夺，由此出现前后条文的冲突。反过来说，如果第31条中的严重患者表示同意住院治疗，而监护人不同意时，医疗机构该如何处理呢？患者本人是否享有该法第44条所规定的随时要求出院权呢？《精神卫生法》对这类问题有待作出进一步的解释予以明确。

5.《精神卫生法》第31条与第32条的逻辑困境

根据《精神卫生法》第32条的规定，诊断结论、病情评估表明，就诊者为严重精神障碍患者且已经发生危害他人安全的行为，或者有危害他人安全的风险的，应当对其实施住院治疗，这一般被称为保安性住院治疗，是一种替代性惩罚措施，具有限制人身自由的性质。在这一程序中患者享有对诊断结论、病情评估的异议权和委托鉴定机构进行医学鉴定的权利，此时的患者享有单独作出异议和委托的意思表示之能力。笔者所关心的是此时患者已经被诊断患有严重精神疾病，但享有单独作出具有法律效力之意思表示能力，意味着患者在被最终的诊断结论确诊前，一律被推定为完全民事行为能力之人，这符合《民法典》中有关法院为禁治产宣告机关的规定。但是反观《精神卫生法》第31条中的患者，只要在医疗机构作出其患有严重疾病且需住院治疗的结论后，就一律被推定为无民事行为能力之人（而这违反了法院为无民事行为能力宣告机关这一法律的强行性规定），这可以从其无权行使同意权和对诊断结论的异议权看出。纵观该法第31条和第32条，同样是严重精神障碍患者，但是前者与后者所享有的权利保护是不相同的，有违反《宪法》所规定的"法律面前人人平等"这一法律原则之嫌。

（三）《精神卫生法》第31条的另一种解释

1. 医疗父权主义

自希波克拉底被誉为西方医学之父以来，数千年来医患关系一直都是以医师为中心的医疗父权模式（medical paternalism）。医师依其伦理义务扮演着患者守护神的角色，依照其专业训练为患者作出其认为对患者最好的医疗决定，而患者的任务只是服从医师的指令而已。因此，在医师看来其系以实现患者之利益为己身之义务与责任，因而产生"一切托付于我"的父权主义思想。❶ 医疗父权的正当性要素有二：一是权威，医师在专业知识上具有比患者更优越的地位来作决定，简言之，医师才知道什么是对患者好；二是善意，医师以救人为天职，故其医疗决定都

---

❶ 陈子平. 医疗上"充分说明与同意"之法理［J］. 东吴法律学报，1999（1）：47-84.

是为了患者好。❶

对未被法院宣告为无民事行为能力之人，无须告知其被诊断为患有严重精神疾病，需要住院治疗，也无须征得其同意，在其监护人表示同意时即可对其实施包括违背患者意志的具有剥夺人身自由性质的住院治疗措施，深刻体现了上述医疗父权主义思想的影响。即医疗机构对患者实施住院治疗的主要目的为保护患者本人的利益，而其被动接受医疗措施即可达到住院治疗之目的，进而无须获得患者本人的同意。

这种将医师天然地推定为以患者利益最大化的观点与现实案例不符，如在江西叶某某案中，民警将其送至精神病院，在其否认自己是精神病后，医院不予理睬，且强行搜走他身上的1万元现金当作医疗费用；而在山东孙某某案中，孙某某坚持认为自己没病，医生却说："我管你有没有病，你们镇政府送来的，我就按精神病来治。"❷ 在上述两种情况下，很难说明医师是以患者的最大利益为出发点。

实际上，西方国家存在的医疗父权思想在第二次世界大战后逐渐被抛弃。第二次世界大战期间，纳粹实施了优越人种及反犹太政策，以安乐死的手段疯狂地进行反人道的"无生存价值的生命抹杀"与违反本人意思之人体实验，以及日本石井部队在中国东北进行的各种人体实验。

---

❶ 杨秀仪. 美国"告知后同意"法则之考察分析 [J]. 月旦法学杂志, 2005 (6)：138-152.

❷ 黄雪涛，刘潇虎，刘佳佳. 中国精神病收治制度法律分析报告 [R]. 深圳衡平机构，2010：10-17.

"二战"后纽伦堡审判将人体实验事件列为审理案件，并针对人体实验提出所谓"纽伦堡纲领"。该纲领要求进行人体实验者必须恪守十项基本原则，简言之，即有关实验的性质、期间、目的及进行实验的方法、手段甚至一切可预测的风险，危险与影响等"知的权利"，以及非因强暴、威胁、欺瞒或其他限制等所为自由意思之"自发性同意"，对于实验的利害得失经判断后决定不参加的自由或要求终止实验等"拒绝权利"，以保障上述各项权利为前提的同意合法性是人体实验的基本原则。

1948年第一届世界医师联合会通过对人的生命给予最大尊重的《日内瓦宣言》，1949年第二届医师总会则通过将医师的一般义务、对病患的义务以及医师相互间的义务等当作医事伦理的国际规则，但是真正在医疗上考量患者人权的，是在1964年世界医师联合会所通过的《赫尔辛基宣言》，但是该宣言仅限于人体实验的伦理纲领，并非对于整体医疗上患者人权之考量。在1975年的世界医师联合会上将"知情同意权"一词置于宣言中，到1981年的世界医师联合会通过的《里斯本病人权利宣言》，才真正将所有疾病作为对象，亦即所有疾病的患者受到充分说明后，有接受或者拒绝接受治疗的权利。

虽然知情同意法则直到1981年才成立，但是判例在18世纪已经出现。1767年发生在英国的一则案例，是因医师未经患者同意而治疗，因而被判刑的例子。这一案例确定了同意书在医疗纠纷中的地位。[1] 1894年德国最高法

---

[1] 林萍章. 知情同意法则之"见山不是山"[J]. 月旦法学杂志, 2008(11): 17-40.

院在"骨癌截肢案"中认为"即使该医疗行为在医学上系正确、成功的处置且治愈,若未得到患者或法定代理人的同意,该侵袭行为该当伤害罪"。❶ 在美国,1905 年的 Mohr v. Williams 案中,法院认为,"如果在缺乏原告同意的情况下实施手术,也不具有证明手术合法性的特殊情况,那么它(手术)是错误的;如果其是错误的,那么其也是违法的"。❷ 1914 年的 Schloendorff v. Society of New York Hospita 案中,卡多佐法官在判决中写道"每一个成年、有理智的人有权决定对自己的身体该做什么;医生未获其患者同意而实施的手术构成故意的侵害行为,其应对此承担赔偿责任"。❸ 在这些案例中,法院所关注的是医师在实施手术(operation)前须得到患者同意书,但不注重说明义务的履行。真正确立"知情同意权"的是 1957 年的 Salgo v. Leland Stanford 案,❹ 法官认为,"医师如果隐瞒了任何事实,而这些事实对于患者就指定的治疗需作出明智的同意是必要的,此时其违反了对患者的义务,并将承担法律责任。同样地,医师也不能极力降低知晓的程序或手术中的风险,以获得患者的同意。"❺ 即患者同意

---

❶ 陈子平. 医疗上"充分说明与同意"之法理 [J]. 东吴法律学报, 1999 (1): 47-84.

❷ 该案原告右耳不适,被告建议进行手术,原告表示同意。但在实施手术时,未经原告同意被告对其左耳实施了手术,术后原告诉称手术严重损害了其视觉系统。参见 Mohr v. Williams (cited as 95 Minn. 261, 104 N. W. 12).

❸ 该案被告医生在未经原告同意的情况下为其进行手术,摘除了纤维瘤。参见 Schloendorff v. Society of New York Hospita (cited as 211 N. Y. 125, 105 N. E. 92).

❹ cited as 154 Cal. App. 2d 560, 317 P. 2d 170.

❺ Marcus L. Plante. An Analysis Of "informed consent". Fordham Law Review. 1968 (36): 639-672.

前，医师负有对患者说明的义务。在随后 1960 年的 Nantanson v. Kline 案中更提出说明义务的内容包括"就疾病的性质、治疗内容、成功的可能性，或者其代替的治疗、可能发生对身体产生无法预期的不幸结果等，应尽可能地以容易理解的言语向患者解释、说明"。❶

总之，医疗父权主义思想在西方国家立法和判例中已经逐渐衰落，而患者权利保护意识得到进一步增强。

2. 住院治疗不具有限制或剥夺人身自由的性质

对住院治疗的性质，学界存在一定的争议。有学者认为，"人权实际上局限于正常人。精神病患者并不拥有人权，社会给予他们的种种福利待遇是出于博爱、仁慈和友情，他们享受的是人道而不是人权"。❷ 还有学者认为，"对精神病患者施行肢体束缚等医疗措施……不是限制其社会学上的人身自由。（强制住院是）医疗上的强制措施，其与法律上的强制措施有根本性的不同。因而对强制住院只能适用医疗规范，而不能适用法律规范"。❸ "如果家属认为自己的亲人……精神有问题，把他送到精神病院去诊治，这有什么不对吗？……把他送达医院就是最大的保障。我们把他关起来进行治疗……就是保障他的人权。"❹ 上述几种观点从本质上看都是在否认强制住院治

---

❶ Natanson v. Kline, 350 P. 2d 1093, 1106 (Kan. 1960).

❷ 俞可平. 权利政治与公益政治 [M]. 北京：社会科学文献出版社，2000：108.

❸ 陈甦. 处理医患纠纷应把握医与法的区别 [N]. 人民法院报，2004-04-30 (3).

❹ 王婧, 孙东东. 把精神病人送到医院是最大的保障 [J]. 中国新闻周刊，2009 (10)：37.

疗的限制人身自由性质。

上述第一种观点明显不符合现行法律的规定。《宪法》第 33 条规定，公民在法律面前一律平等，国家尊重和保障人权。《民法典》第 13 条规定，自然人从出生时起到死亡时止，具有民事权利能力，依法享有民事权利，承担民事义务。第 14 条规定自然人的民事权利能力一律平等。笔者认为只要承认精神障碍患者是中国公民就必须承认其享有上述宪法和其他法律规定的权利。人权的主体是自然人，行为人的精神状态不影响其成为人权的主体。笔者甚至认为对精神障碍患者等社会弱势群体人权保障的水平反映了一个国家法制发展的水平。

第二种观点认为强制住院是医疗上的强制措施，适用医疗规范，不适用法律规范。笔者认为无论是医疗规范还是法律规范，都需要符合尊重人的主体性这一最低原则。医疗规范存在的合法性前提也在于其"尊重和保障人权"，反之，医疗规范则因合法性而归于无效。这也是纽伦堡审判中对实施人体实验的医师进行审判的合法性的基础。

第三种观点是典型的医疗父权主义思想，已为"二战"后的法律和判决所抛弃。

3. 监护人天然代表患者，维护患者利益

笔者认为，《精神卫生法》第 31 条对监护人预设的前提是，其会从理性的角度来作出是否同意（住院）的意思表示，以此维护患者的最大利益。但是现实生活中出现的案例很多与此相反。由与患者存在利益冲突的"监护人"来行使同意权，这明显违反"自然公正"原则，缺乏程序上的正当性。这也是我国台湾地区所谓"精神卫生法"及"精神疾病严重患者保护人通报及管理办法"第 3 条将与患者存在利益冲突的行为人排除在保护人❶范围之外的原因。

4. 严重精神障碍患者天然是无民事行为能力者

如上所述,根据《民法典》第 28 条规定,无民事行为能力或限制行为能力是成年人设置监护人的必要条件。结合《精神卫生法》第 31 条的规定,在患者被诊断为严重精神障碍后,监护人就自动产生。笔者据此推断,《精神卫生法》将严重精神障碍患者视为无(或限制)民事行为能力人。

上述观点的错误之处在于行为能力是司法认定的范畴,而《精神卫生法》中的"精神障碍"是医学诊断或鉴定的结果,二者属于不同的范畴,不能互相等同。换句话说,认定行为人是否具有行为能力是法院的职权范畴,而"(严重)精神障碍"诊断是精神科执业医师执业的范畴。

(四)完善的措施——回归立法本义

1. 废除近亲属、公安机关、所在单位等主体的送治权

《精神卫生法》第 28 条授权近亲属、公安机关、所在单位根据该条规定,可以(或应当)将疑似精神障碍患者送往医疗机构进行精神障碍诊断,并且医疗机构必须为其

---

❶ 我国台湾地区"精神卫生法"第 19 条规定,经专科医师诊断或鉴定属严重患者者,应设置保护人一人。保护人的设置应当考虑严重患者利益,由监护人、法定代理人、配偶、父母、家属等互推一人为之。保护人的主要职责是协助严重患者就医,行使同意权和诉权。

提供诊断。这为上述主体共同限制人身自由提供了法律上的可能，而现实生活中出现的案例也证实了这一结论。

在前文中，笔者已经指出，该条对送治的条件规定非常含糊，甚至近亲属的送治条件没有限制——被送治主体有疑似即可，这种几乎没有条件的送治将使被送治主体时时存在被送治的可能。虽然该法第 28 条第 3 款规定了送治的条件——有疑似可能和出现危害行为（或危险），但是由于主体甚多，各主体在执行送治时，对法律的理解又可能出现完全不同的结果，而医疗机构对送治主体的资格以及条件又不进行审查，这将加大被送治主体"被精神病"的可能。

基于此，笔者认为《精神卫生法》应当取消对近亲属、公安机关、所在单位等主体的送治授权，可以参照我国台湾地区"精神卫生法"的规定，在发生危险行为（或可能性）时，法定主体应当将其送往当地医疗机构进行医疗救治，在主治医生发现其可能有精神障碍时，可以建议转至精神医疗机构继续进行医治，这样至少可以达到送治标准的大致统一。

2. 分清强制住院医疗和自愿住院医疗

前者是指违背当事人意志的住院治疗，需要适用不同于后者的程序。《精神卫生法》规定在对自己有危害行为（或危险）时适用医学保护性住院治疗，在发生危害他人行为（或危险）时适用保安性住院治疗，从而适用不同的程序。实际上立法者忽视了在上述两种情况下都有可能出现自愿住院治疗的可能,❶ 从而使后续程序无须存在。此种分类也使后两种住院治疗与自愿住院治疗存在逻辑上的矛盾。也给人重视保护他人利益,忽视本人权益的印象。

基于此,笔者认为《精神卫生法》只区分强制住院治疗和自愿住院治疗即可,无须根据发生的行为(或危险性)规定不同的程序,这可以在逻辑上保持一致。

3. 恢复成年人监护的立法本义,保证《精神卫生法》与《民法典》等法律之间的有效衔接

成年监护是指民法规定的对于特殊的成年人的人身、财产及其他合法权益进行监督、保护的一项法律制度,一般精神障碍患者均是世界各国成年监护的对象(但不限于此)。❷ 根据《民法典》的规定,我国成年监护的对象只包括无(或限制)民事行为能力的精神障碍患者(痴呆症)。在通常情况下,精神障碍患者的监护人都是通过默认的方式予以确认。

如上所述,成年人行为能力的宣告主体是法院,即法院在宣告该成年人为无民事行为能力(或限制行为能力)时,其近亲属(配偶、父母等)才能成为该成年人

---

❶ 我国台湾地区"精神卫生法"第41条规定(第45条有类似规定),严重患者有伤害他人或自己或有伤害之虞的,经专科医师诊断有全日住院治疗必要的,其保护人应协助严重患者,前往精神医疗机构办理住院。拒绝接受全日住院治疗的,主管机关指定的医疗机构予以紧急安置,并对其进行强制鉴定,结果表明仍有住院必要的,严重患者仍拒绝接受或无法表达时,医疗机构可以向强制鉴定、强制社区治疗审查委员会申请强制住院治疗。根据该条规定,严重患者仍有可能作出接受住院治疗的意思表示。台湾地区住院治疗的分类标准为是否违背患者意志,而大陆住院治疗的分类采取双重标准:一是是否违背患者意志;二是发生危害行为的对象。

❷ 张学军,张镭. 成年监护制度综议 [J]. 江海学刊, 2005 (5): 215-221.

的监护人，这才是符合法律规定的程序。但是《精神卫生法》未对此作出任何规定，直接将精神障碍患者拟认为无（或限制）行为能力人，这也间接导致了一些消极案例的发生。

因此，笔者认为应当恢复《民法典》成年监护设置的立法本义——保护成年人的人身、财产及其他合法权益，将《民法典》有关监护的规定与《精神卫生法》相衔接。为此可以采取以下措施：①在患者被确诊患有严重精神疾病时，医疗机构应当向本地法院提出为其设立监护人的申请；②法院在受理申请后，应当为患者指定辩护律师。法院应当根据司法精神病鉴定结论或者医院的诊断结论、鉴定报告，在充分听取辩护律师的理由后，作出是否宣告患者为无（或限制）民事行为能力人的裁定，对不服该裁定的，患者有上诉权；③法院若裁定患者为无（或限制）民事行为能力人后，在充分听取其近亲属的意见后，基于保护患者人身和财产的考虑，为其指定监护人（也可以借鉴我国台湾地区的做法，为其指定保护人），协助其处理后续的治疗，但是在诊疗的过程中，患者仍然享有知情同意权。

（五）小　　结

对精神障碍患者权利的保护反映了一国法治的发展水平，我国《精神卫生法》第31条对患者医学保护性治疗存在很多缺陷，而这些缺陷之所以存在也与我国存在的医疗父权主义等因素相关，因此，落实《精神卫生法》维护患者权益的立法目的，必须对监护人制度、送治权等问题进行立法规范。

## 四、精神障碍患者住院治疗类型的重构

《精神卫生法》第30~32条将精神障碍患者（以下简称"患者"）住院治疗类型按照是否违背患者意志为标准分为自愿住院治疗和非自愿（强制）住院治疗，而非自愿住院治疗，又可根据患者实施的危害行为（或危险性）针对的对象不同，将其分为医学保护性住院治疗和保安性住院治疗两种。该法对住院采取的是以自愿为原则，❶以其他类型为补充的立法模式。"患者"住院类型的不同，直接关系医疗机构、监护人、患者三方之间的权利结构。但是这一分类模式存在分类标准不统一、逻辑矛盾等自身缺陷。本节的目的在于揭示这一缺陷并试图对其存在的原因进行解释，在此基础上提出完善的具体措施。

### （一）现行《精神卫生法》的分类

通说认为，《精神卫生法》为"患者"设置了以下不同的住院类型，但是分类的标准有所不同：一是按照是否违背患者的意志将其分为自愿住院治疗和非自愿（强制）住院治疗；二是按照患者实施的危害行为（或危险性）针对的对象不同，将其分为医学保护性住院治疗和保安性住院治疗。

1. 现行分类

（1）自愿住院治疗。

自愿住院治疗是指出于患者本人的意愿而对其实施的

---

❶ 陈竺.关于《中华人民共和国精神卫生法（草案）》的说明[R]. 全国人民代表大会常务委员会公报，2012, 19 (6): 653-655.

住院治疗类型。根据《精神卫生法》第44条规定，自愿住院治疗的患者可以随时要求出院，医疗机构应当同意。在此情形下的患者享有随时出院权。

（2）非自愿住院治疗。

第一，医学保护性住院治疗。

根据《精神卫生法》第31条的规定，医学保护性住院治疗是指，经诊断、鉴定患有严重精神障碍，并已经发生伤害自身的行为或有伤害自身危险的，在监护人同意时，医疗机构应当对其实施住院治疗，监护人不同意的，医疗机构不得对其实施住院治疗。因此，监护人同意是实施医学保护性住院治疗最为关键的程序条件，而患有严重精神疾病并已经发生伤害自身行为（或危险）是实体条件。

但问题是，此种伤害行为（或危险）需要达到何种程度，对此，法律没有作出明确规定。因此，只要患者被诊断为患有严重精神疾病，可能伴有轻微伤害自身行为或危险，这时就可能在监护人同意之下被实施"住院治疗"。

与上述自愿住院类型患者不同的是，实施该种类型住院治疗的患者不享有随时出院权。相反，根据《精神卫生法》第44条第2款的规定，监护人可以随时要求出院，医疗机构应当同意。监护人的意志决定了患者是否能出院。

第二，保安性住院治疗。

根据《精神卫生法》第32条的规定，患者经诊断、鉴定患有严重精神障碍，并已经发生危害他人安全的行为（或危险）的，医疗机构应当对其实施住院治疗，此为保安性住院治疗。

患者或者监护人对医疗机构的住院诊断结论有权表示异议，不同意实施住院治疗的，可以要求再次诊断和鉴定。对再次诊断结论有异议的，可以自主委托依法取得执业资质的鉴定机构进行精神障碍医学鉴定。根据《精神卫生法》第35条的规定，再次诊断结论或者鉴定报告表明，"患者"符合保安性住院条件的，其监护人应当同意对患者实施住院治疗。也就是说，患者或其监护人对住院结论享有一次否决权。

对被实施保安性住院治疗的患者来说，其不享有随时出院权。根据《精神卫生法》第44条第4款的规定，医疗机构认为患者可以出院的，应当立即告知患者及其监护人。也就是说医疗机构是决定是否终止住院治疗的权利主体。

2. 住院治疗类型的特征

通过上述介绍，可以得出以下结论。

（1）从法律条文上看，三种住院治疗类型的划分与送治主体没有关系。《精神卫生法》第28条规定了除疑似患者自行到医疗机构进行精神障碍诊断外，近亲属、公安机关、所在单位、民政部门在符合法定条件时，有权将其送到医疗机构进行精神障碍诊断。但是从法律上看，自行到医疗机构进行诊断的患者，本人不愿住院治疗时，也可以对其实施医学保护性住院治疗或保安性住院治疗，因为其也可能实施伤害自身或他人的行为（或危险）。因此，从法律上看，住院治疗类型的确定与送治主体、就诊主体没有实质联系。

（2）《精神卫生法》对住院类型划分的目的是区分出院权的行使主体。这也是该法制定过程中争议较大的问题之一。住院类型与出院权相挂钩是我国大陆《精神卫生法》区别于我国台湾地区"精神卫生法"的重要方面。

（3）《精神卫生法》只规定患者对保安性住院治疗结论的异议权，剥夺了患者对医学保护性住院治疗结论的异议权。

在2011年10月24日审议的《精神卫生法（草案）》中规定，患者对医学保护性住院治疗结论不同意时，享有异议权。但是到了2012年8月27日的草案则代之以"精神障碍患者或者其近亲属认为行政机关、医疗机构……侵害患者合法权益的，可以依法提起诉讼"❶ 这一概括诉权规定，并为后来立法所采用。笔者认为，该项规定没有太大的意义，没有该条，患者同样可以根据《民事诉讼法》的相关规定提起诉讼。修改者并没有说明删除的原因，如果说后者可以取代前者异议权的规定，那么为什么最终通过的《精神卫生法》却未取消对保安性住院治疗结论的异议权呢？可能的原因是，立法者认为，监护人如果对医学保护性住院治疗结论不服时，只要不同意住院即可，无须通过推翻住院结论来维护患者的合法权益（而这不同于保安性住院治疗）。

## （二）现行分类的逻辑困境

如上所述，对住院类型作了简单介绍和比较。笔者认

---

❶ 洪虎. 全国人民代表大会法律委员会关于《中华人民共和国精神卫生法（草案）》修改情况的汇报［R］. 全国人民代表大会常务委员会公报，2012，19（6）：656-657.

为《精神卫生法》对住院类型的划分存在一定的问题。

在江苏朱某某案中，其母亲为得到朱某某名下的房产，强行将其送到医疗机构接受"住院治疗"后，医院在舆论压力下，向其母亲发出律师函要求其"履行监护人的职责和义务"。❶ 在该案中，如果朱某某表示自愿住院接受治疗，其享有《精神卫生法》第44条第1款所规定的随时要求出院权吗？或者说其能独立作出自愿住院治疗的意思表示吗？能得到医疗机构的认可吗？

1. 自愿住院治疗的困境

如上所述，自愿住院治疗的患者有权要求随时出院，医疗机构应当同意。从字面上看，该条授予患者自由出院权，以及施加医疗机构协助患者办理出院手续的义务。但是，出院权的主体是自愿住院的患者。那么由谁来证明患者是自愿住院的呢？是患者本人还是由医疗机构证明患者是被强制住院的呢，如果二者主张出现分歧时如何处理？在上述案例中，如果朱某某表示自愿住院，在出院时，医疗机构坚持其医学保护性住院治疗而不准出院时，如何处理？对此，《精神卫生法》均没有作出规定。实践中，医疗机构将根据送治主体来判断患者住院治疗的类型：由近亲属送治的按照医学保护性来处理，由公安机关送治的按照保安性住院来办理，而患者无权表示自愿住院治疗，也无权要求随时出院。患者有可能被长期"住院治疗"，这也符合先前精神卫生条例的立法思路，这也使得"自愿"成为医疗机构任意解释的对象，而与患者主观意思状态等

---

❶ 黄雪涛，刘潇虎，刘佳佳. 中国精神病收治制度法律分析报告 [R]. 深圳：深圳衡平机构，2010：10.

要素无关（即便其康复），出院权也将成为不可实现的空想，真正主宰患者人身自由的只能是监护人或医疗机构。

2. 三种住院类型之间的交叉、逻辑矛盾

如上所述，住院类型的区分关系患者人身自由由谁控制。区分自愿与非自愿（强制）对患者具有重大意义。从理论上说，自愿与否只与当事人的主观意志有关，而与患者实施危害行为针对的对象无关。因此，在《精神卫生法》第30条第2款规定的两种情形下，患者完全有权作出自愿住院治疗的意思表示，依法享有自由出院权，医疗机构有义务为其办理出院手续。

《精神卫生法》根据患者实施危害行为的对象不同，分别将第31条界定为医学保护性住院治疗，第32条界定为保安性住院治疗，而权威解释将其归类为非自愿（强制）住院治疗。[1]结合《精神卫生法》第44条第2~3款的规定，立法者当然认为在该法第30条第2款规定的两种情形下，不可能发生"自愿住院治疗"的情形，用后两种类型否认自愿住院治疗类型，而这与第30条对"自愿"的解释不一致，也导致在同一部法律中界定非自愿治疗的标准前后不一致，从而导致第30条、第31条、第32条的逻辑混乱。

概言之，根据该法第30条的规定，所有的"患者"都可以作出自愿住院的意思表示，但是如有该条第2款规定的情形，在其不愿意住院治疗时，监护人或医疗机构在法定条件下可以强制其住院，尽管如此，其仍然享有自愿

---

[1] 陈竺. 关于《中华人民共和国精神卫生法（草案）》的说明 [R]. 全国人民代表大会常务委员会公报，2012，19（6）：653-655.

住院治疗的权利；但根据该法第 31 条和第 32 条的规定，医学保护性住院治疗和保安性住院治疗中的患者均被剥夺了自愿住院的权利，这是因为自愿住院治疗的患者享有自由出院权，而其他情形下则不享有。

3. 纠缠于出院与否之间

出院权是指拒绝住院治疗的权利。在通常情况下，患者享有接受医疗服务的权利，当然也享有拒绝医疗服务的权利。这是其当然权利。但是，患者是否享有出院权是《精神卫生法》中的重大问题，这是因为其健康状况不仅关系个人，也会涉及他人。因此各国立法者在权衡患者的人身自由和公共安全后，才选择合理的强制医疗条件、方法、期间。

出院权问题是引发住院类型逻辑混乱的主要原因。立法者的本意是通过赋予患者出院权来保护自愿住院患者的权利（甚至也有学者提出其他住院类型患者也应当享有自由出院权），避免其"被长期住院治疗"。对患者出院权的规定固然在一定程度上保护患者利益，但是自由出院与住院治疗的目的并不完全契合，权利行使不当也会造成医疗资源的浪费。因此出院是在患者病情好转或康复的前提下，医疗机构尊重患者医疗权利的结果。

自由出院是学者面对"被精神病"现象之下提出的应急之策，并不足以达到治疗病情、保护患者权益以及限制医疗机构滥用权利的目的；不是解决患者人身自由被限制的关键，而应从源头上如强制医疗的条件、许可主体、程序、期间以及司法救济等方面进行规范，以期达到上述目的。

### (三)"患者"住院类型的重构

**1. 区分自愿住院治疗与强制住院治疗**

前者是指违背当事人意志的住院治疗，需要适用不同于后者的程序。《精神卫生法》规定在对自己有危害行为（或危险）时适用医学保护性住院治疗，在发生危害他人行为（或危险）时适用保安性住院治疗，从而适用不同的程序，实际上立法者忽视了在上述两种情况下都有可能出现自愿住院治疗的可能，从而使后续程序无须进行。此种分类也使后两种住院治疗与自愿住院治疗存在逻辑上的矛盾，也给人重视保护他人利益忽视本人权益的印象。

基于此，笔者认为《精神卫生法》可以只区分强制治疗和自愿治疗，无须根据发生的行为（或危险性）而规定不同的程序，这可以在逻辑上保持一致。[1]

**2. 规范强制住院治疗**

在强制住院治疗的认识上应将其视为剥夺或限制人身自由的行为；对强制住院的系统规范是解决医疗机构滥用权利、规范公权力送治、保护患者合法权益的正确路径。因此需要对强制住院治疗的条件进行规范和限制，从源头上规范强制住院。

第一，由中立的第三方机构作出决定，实行强制医疗许可制度。笔者认为，对于需要强制住院的患者，医疗机构可以向法院提出，由法院根据实际情况作出是否许可的决定。

---

[1] 陈楠楠，冯玉芝. 论对精神障碍患者的医学保护性住院治疗 [J]. 医学与哲学，2015，36（1A）：64-68.

第二，规定强制医疗的期间。强制医疗的期间可以由立法者作出相对规定，而由法院根据实际情况在裁定书中作出具体决定。

第三，区分送治主体与监护人，送治主体不能当然成为强制住院患者的监护人。当监护人与患者利益发生冲突时，法院应根据患者本人或者其他亲属的建议为其指定监护人代表其利益，并在其没有委托律师时，为其指定辩护律师以维护其合法权益。

第四，要在法律中对司法救济明确规定。"有权利必有救济""没有救济就没有权利"。诉权是实体权利的必要构成要素。因此，针对限制人身自由的强制住院治疗，患者对此应享有诉权。医疗机构不得通过限制患者的人身自由或者以其无民事行为能力为由限制其诉权的行使。

### (四) 小　　结

与是否自由出院相联系导致了住院类型之间逻辑矛盾。患者自由出院或者监护人随时要求出院，并不是解决患者权益保障问题、防治医疗机构滥用权利的有效手段。为此，需从规范强制住院治疗的条件、程序以及司法救济方面着手，才能达到上述目的。

## 五、《刑事诉讼法》有关精神病人强制医疗程序

《刑法》第18条第1款规定，"精神病人在不能辨认或者不能控制自己行为的时候造成危害结果，经法定程序鉴定确认的，不负刑事责任，但是应当责令他的家属或者监护人严加看管和医疗；在必要的时候，由政府强制医疗"。这是刑事强制医疗的实体法根据。但是2012年以前

的《刑事诉讼法》对如何实施该条没有作出具体规定，由于立法用语对"政府"没有作出具体界定，实际上使该条款成为侦查机关行使强制医疗权、滥用强制医疗程序，侵害自然人的人身权的合法依据。2012年修正后的"刑事诉讼法"力图改变这一现实，规定了针对精神病人❶强制医疗的特别程序，这是立法上的进步。但是强制医疗程序还存在很多不足，以下笔者试图指出这些不足，并提出完善的建议。

### （一）强制医疗的概念及性质

世界上各国和各地区刑法对强制医疗都有规定，但是表述不同。英美国家称为强制医疗；俄罗斯刑法典将其称为医疗性强制方法；德国称为"收容于精神病院"；日本将强制医疗措施称为医疗处分；我国台湾地区称为监护处分。需要指出的是，德国、日本以及我国台湾地区的强制医疗都属于保安处分的一种，❷ 都将强制医疗视为一种刑罚替代措施。其目的在于预防精神病人再次实施危害社会的行为，医治其精神病，并避免精神障碍患者因为其自身而受到伤害。

强制医疗是指对于刑事责任能力欠缺状态下实施了刑法规定的危害社会的行为，或者在实施危害行为后刑事责任能力丧失，而有继续实施危害行为的可能性，由特定机

---

❶ 由于刑法和刑事诉讼法将该类人群称为精神病人，此处与法律保持一致，也将其称为精神病人。但需要注意的是，《精神卫生法》将该类人群称为精神障碍患者。

❷ 童友美.精神病人强制医疗程序研究[D].北京：中国政法大学，2012：4.

关依据法律程序对其宣告进行强制医疗的方法。

强制治疗具有保安性。对精神障碍患者实施强制医疗是为了保护其他主体及其自身免受伤害。因此具有防卫的目的。

强制医疗还具有剥夺人身自由性。强制医疗是剥夺当事人的人身自由，并予以强行治疗的行为。因此，对强制医疗的规制要符合保障当事人权利的要求。

**（二）《刑事诉讼法》强制医疗程序现行规定及不足**

1. 现行规定

强制医疗程序是指司法机关对于不负刑事责任的精神病人，在必要时采取政府强制医疗所必须遵守的程序规范。❶ 2018年《刑事诉讼法》将精神病人的强制医疗程序作为刑事诉讼的特别程序规定为一章，对程序适用的对象、适用的主体、期间等作了具体规定。

（1）2018年《刑事诉讼法》第302条规定了适用强制医疗的实体条件：当事人实施了暴力行为，危害公共安全或者严重危害公民人身安全，经法定程序鉴定依法不负刑事责任的精神病人，有继续危害社会可能的。

（2）强制医疗程序的适用主体是法院。将决定是否实施强制医疗的权力授予相对中立的法院，这是立法的重大进步。

（3）提出强制医疗动议的主体。根据《刑事诉讼法》第303条第2款的规定，公安机关发现精神病人符合强制

---

❶ 申君贵. 设立采取"政府强制医疗措施程序"的构想 [J]. 政治与法律, 2002 (6): 58.

医疗条件的，应当写出强制医疗意见书，移送人民检察院。对于公安机关移送的或者在审查起诉过程中发现的精神病人符合强制医疗条件的，人民检察院应当向人民法院提出强制医疗的申请。人民法院在审理案件过程中发现被告人符合强制医疗条件的，可以作出强制医疗的决定。根据该条，公安机关、人民检察院、人民法院都可以成为强制医疗程序的建议者。

（4）审理机构及程序。根据《刑事诉讼法》的规定，法院受理强制医疗申请后，应当组成合议庭进行审理。法院必须通知被申请人或者被告人的法定代理人到场。在当事人没有委托诉讼代理人的情况下，法院应当为其提供法律援助。

（5）审理期限。根据《刑事诉讼法》的规定，对于符合强制医疗条件的，在一个月内作出决定。

（6）救济。根据《刑事诉讼法》的规定，被决定强制医疗的人、被害人及其法定代理人、近亲属对强制医疗决定不服的，可以向上一级人民法院申请复议。

（7）强制医疗的解除。根据《刑事诉讼法》第306条规定，实施强制医疗的机构应当定期对被强制医疗的人进行诊断评估。符合解除条件的，报决定强制医疗的法院批准。被强制医疗的人及其近亲属有权申请解除强制医疗。

2. 强制医疗程序的不足

（1）适用对象。

如上所述，强制医疗的适用对象是被鉴定为患有精神病的当事人。在这里《刑事诉讼法》没有对鉴定主体进行规定。在司法实践中鉴定主体多数是公安机关聘请的，这就造成公安机关一言堂的局面，对当事人较为不利。

（2）法院成为强制医疗程序的发起者和决定者。

法院的主要职责是居中裁判，而不能成为程序的发起者。但是《刑事诉讼法》规定，法院在审理案件过程中发现当事人符合条件的，可以作出决定。在这种情况下，法院对检察院没有提出的诉讼请求作出裁判，侵害了法院的中立性，实际上是"不告而理"，不符合程序正义的要求。

（3）审理程序。

法院是否需要开庭审理，当事人在强制医疗程序是否享有辩护权，《刑事诉讼法》对此没有作出规定。

《刑事诉讼法》只是规定，对强制医疗决定不服可以向上一级法院提起复议。此种救济不是诉权的行使，而且上一级法院的复议程序如何进行，法律也没有作出规定。而按照通常的做法，复议法院只是通过查阅案件材料后作出复议决定，且此复议决定为终局的。

也就是说，在审理程序，被申请人无法得到一个开庭审理的机会，也无法对法院的决定提起上诉。

### （三）强制医疗程序的完善建议

针对强制医疗程序中的不足，笔者提出以下完善的建议。

#### 1. 法院应当开庭审理强制医疗案件

因为强制医疗是剥夺当事人人身自由的医疗措施，对当事人权利影响甚重。在程序的设计上应当给当事人一个为自己辩护的公正程序。

（1）法院对此类案件应一律开庭审理。司法程序与行政程序的不同在于,决定者与案件没有利害关系,其在听取双方当事人的发言后,根据庭审情况作出独立的判断。在强制医疗程序中,应当允许当事人与检察官就是否符合强制医疗的条件进行辩论,由检察官承担证明被申请人符合《刑事诉讼法》第 302 条所规定条件的举证责任。被申请人方不承担该举证责任,但其享有反驳的权利。

(2)由律师为其提供辩护。《刑事诉讼法》规定在被申请人没有委托诉讼代理人时,法院应当指定律师为其提供帮助。《刑事诉讼法》对"帮助"没有明确的界定。笔者认为强制医疗具有剥夺人身自由的性质,因此,《刑事诉讼法》应将其明确界定为辩护。法院如果没有按照法律规定为其指定律师,应当承担审理程序无效的结果,这也可以构成被申请人及其近亲属上诉的原因之一。

(3)被害人及其近亲属可以参加法庭审理程序。作为精神病人危害行为的受害人,在刑事诉讼程序中具有当事人的地位,与案件审理结果有直接的利害关系。因此,法院在审理此类案件时,应当通知受害人及其近亲属参加,并听取其意见。

2. 完善对精神病人的司法鉴定制度

精神病的鉴定结果对被申请人以及受害人都具有直接的影响。对前者的影响包括生活、工作以及名誉,对后者的影响是如果被申请人被鉴定为患有精神疾病,那么其将不需要承担刑事责任,这对受害人的伤害可以与第一次伤害相当。不管是对被申请人还是受害人,鉴定结果直接影响其人身权益。因此在法庭审理过程中,被申请人及其近亲属有权委托司法鉴定机构进行精神病鉴定,并与公安机关委托的鉴定机构进行对质和辩论，从而达到开庭审理的效果。

3. 完善被申请人的救济制度

（1）强制医疗对被申请人的权益影响甚大，因此应当给予提起上诉的机会，为此应将《刑事诉讼法》中的"复议"明确规定为"上诉"，并完善上诉审理程序。

（2）对被强制医疗行为人的定期复查。《刑事诉讼法》应当明确规定定期复查的期限或者在作出强制医疗的决定书中予以明确。法院或者强制医疗的执行机构应当按照确定的日期对当事人进行复查，以确定当事人是否仍然具有社会危险性，如果不符合解除条件的，应当书面告知当事人及其近亲属，并说明理由。

4. 医疗措施的完善

《刑事诉讼法》对医疗措施以及治疗的最高期限均没有作出规定，这将导致法官的裁量权大大增加，给当事人权利造成很大损害。司法实践中，强制治疗的执行机构往往是公安机关管理的医院，这将造成当事人又重新回到侦查机关的控制之下。

首先，应当完善执行机构。将执行医院从公安机关剥离出来，使其与公安机关没有利害关系，在执行与解除强制医疗过程中，更为中立。

其次，规定强制医疗措施的种类。法院在决定书中应当载明强制医疗措施的类型。在大陆法系国家，强制医疗措施具有多样性、层次性的特点。如在俄罗斯，医疗性强制方法包括四个不同的层次：强制性门诊监管并接受精神病医生治疗、在普通精神病院进行强制治疗、在专门精神病院进行强制治疗和在加强监管的专门精神病院进行强制治疗。强制医疗措施的多样性有助于提高戒护措施对不同精神病人的针对性。❶

再次,《刑事诉讼法》应当明确强制医疗的最高适用期限,以限制法官的裁量权。对强制医疗期限的规定可以有两种方式:第一种由法律明确规定强制医疗的期限;第二种是不超过当事人在精神正常具有刑事责任能力时所可能判处的最高刑期。

最后,对精神病患者实施强制医疗有利于保护当事人的权利,也有利于维护社会秩序,但是由于强制医疗具有剥夺人身自由的属性,因此在适用强制医疗时,应当注意保护当事人的合法权益。

---

❶ 陈永生,王源. 如何构建合理的刑事强制医疗制度 [EB/OL]. (2013-9-15). http://www.legaldaily.com.cn/bm/content/2011-09/13/content_2944686.htm?node=20738.

# 第二章 我国台湾地区精神卫生法律概论

## 一、我国台湾地区"精神卫生法"中的患者权利保护原则

我国台湾地区于1990年颁布实施"精神卫生法"（52条），并于2000年、2002年、2007年三次修改，现行所谓"精神卫生法"共六章六十三条，分别是：总则、精神卫生体系、病人之保护及权益保障、协助就医、通报及追踪保护、精神医疗照护业务、罚则等。台湾地区行政机构据此颁布了一系列的规章，以保护患者的合法权益，目前已形成以患者权利保护为中心，强制住院、社区治疗等多种手段并存的诊疗体系。

台湾地区"精神卫生法"目的是保护患者合法权益不受侵犯，保护社会弱势群体。因此"精神卫生法"第1条表明目的：预防及治疗精神疾病，保障患者权益，支持并协助患者于社区生活。第三章"病人之保护及权益保障"专门规定了患者（患有精神疾病之人）的权利以及对其权益保护的基本原则。基本原则的规定需要体现在具体制度安排和规定中，为此，"精神卫生法"规定了一系列的制度和措施来保障患者的合法权益。以下将对"精神卫生法"中的患者权利保护原则及其体现作

一深入阐述。

### (一) 患者享有的权利

(1) 对其人格不得歧视。平等是公民享有的基本权利，精神障碍患者作为弱势群体，其人格权、人性尊严更应有法律的特别保障。我国台湾地区"精神卫生法"明确规定对于病情稳定者不得以曾经罹患精神疾病为由，拒绝其就学、应考、雇用或者其他不公平的对待。对精神障碍患者人格权的歧视最常表现在就业上，对此，申请人可以根据"就业服务法""劳动基准法"等规定向"劳工委员会"投诉或者直接向法院提起诉讼。

(2) 隐私权不受侵犯。在欧美各国，隐私权为公民的基本权利，但是这并没有为其宪法所明确规定。美国联邦最高法院曾经通过判决的形式从公民的住宅权不受侵犯中引申出为宪法尚未规定的隐私权这一基本权利。我国台湾地区"精神卫生法"第24条规定未经患者同意不得对患者进行录音、录像或者摄影，并不得报道其姓名或者住所，严重患者需征得保护人同意，精神医疗机构着眼保障患者的安全时，可以在得到其同意的情况下在治疗机构安装监管设备。此时对患者隐私权的限制必须受限于比例原则。这表现在：其一，必须着眼于患者安全的考虑，也就是针对有伤害他人或自己倾向的患者；其二，必须对患者隐私权的侵害最小。如安装监管设备的场所，不得将录音、录像用于治疗、安全等其他目的。

(3) 会客权不受侵犯。根据"精神卫生法"第25条之规定，会客权的主体为患者本人而非其他人，精神医疗机构非因患者病情或者医疗需要，不得予以限制，当然严重精神障碍患者的保护人更不能以任何借口限制患者的会客权。该条对患者会客权作了一定的限制，但是也对医疗机构限制患者会客权作出了限制：患者病情或者医疗的需要，即在通常情况下，医疗机构应当尊重患者的会客权，并为患者会客提供一定的便利，在会客的过程中不得无故打断、限制。但是笔者认为该条对会客权限制的条款过于宽泛，不明确。实际上医疗机构可以在任何情况下剥夺患者的医疗权。

（4）申诉权。患者或者严重患者的保护人认为医疗机构及其工作人员，有侵害患者权益的，可以以书面形式向精神照顾机构所在地的市县主管机关申诉。该主管机关应就其内容加以调查、处理，并将办理情形通知申诉人。该条将申诉的形式规定为书面形式，这在一定程度上限制了患者的申诉权。正在住院接受治疗的严重患者，其会客、通信、人身自由等都可能受到医疗机构的限制，书面形式的申诉将给这些患者造成一定的困难，甚至完全无法行使申诉权。当然，患者或者保护人还可以依法向法院提起诉讼来保护自己的权利。

（5）严重患者享受免费强制住院（社区）治疗的权利。"精神卫生法"第26条规定，严重患者接受强制住院治疗的费用由主管机关负担，对接受强制社区治疗的费用，原则上由全民健康保险给付，在保险范围之外的，由主管机关负担。

**（二）严重患者的保护人制度**

为了协助严重患者就医、照顾其生活等目的，我国台湾地区"精神卫生法"设置了严重患者的保护人制度。根据"精神卫生法"第3条的相关规定，严重患者是指呈现出与现实脱节之怪异思想及奇特行为，致其不能处理自己的事务，经专科医师诊断认定者。该条显示，对严重患者的认定采用的是医学标准。经诊断或鉴定为严重患者的，应当设置保护人一人。选定保护人应当着眼于严重患者的利益，可以从监护人、法定代理人、配偶、父母、家属中选定。但未成年人，无民事行为能力人，与患者涉讼利益相反，或有其他情形足以认其执行保护职务有偏颇者，受停止全部或一部分亲权宣告，或经由亲属会议撤销其监护人资格者，体力或能力不足不能够执行保护职务的人不能成为严重患者的保护人。

保护人的产生可以由亲属之间互推产生，也可以由地方主管机关依申请或者依职权另行选定。严重患者无保护人时，医疗机构应当在诊断或者鉴定后，将其就医及陪同人员之相关资料，通知其户籍所在地主管机关选定保护人。地方主管机关在接获医疗机构通知无法产生保护人时，可以邀请患者的监护人、法定代理人、配偶、父母、家属等会商选定。

严重患者保护人产生后，应当填写自愿充任保护人同意书递交医疗机构，后者于7日内通报严重患者户籍所在地主管机关。

根据规定，保护人在履行职责时，应当本着有利于严重患者利益的原则。我国台湾地区"精神卫生法"第29条规定，严重患者情况危急，非立即给予保护或者送医，其生命或者身体有立即之危险或者有危险之虞的，保护人应当予以紧急处置。紧急处置也应当符合比例原则，即着眼于保护患者或他人安全，采取的措施对患者权利限制最小。如果患者经专科医师诊断有全日住院治疗之必要者，其保护人应协助严重患者，前往精神医疗机构办理住院。

**（三）对患者实施强制住院治疗、社区治疗许可制度**

强制住院治疗、社区治疗等治疗措施，在相当程度上限制了患者的人身自由，因此需要法律的特别规制。我国台湾地区1990年"精神卫生法"第21条第2项规定，严重患者不接受全日住院治疗时，应由两位以上专科医师鉴定，经书面证明有全日治疗之必要者，应强制其住院。根据该项规定，只需两位专科医师的书面证明，就可判断精神障碍患者是否应接受强制就医，然而此项规定忽略了病患拒绝就医，所以为后来学者所诟病。[1]

基于强制就医的批评以及保护人权的呼声，我国台湾地区在2007年对"精神卫生法"进行修改。修改后的第15条规定，精神疾病强制住院、强制社区治疗有关事项，由"当局主管机关"精神疾病"强制鉴定、强制社区治疗审查会"（以下简称"审查会"）审查。审查会的成员包括专科医师、护理师、职能治疗室、心理师、社会工作师、患者权益促进团体代表、法律专家以及其他相关专业人士。由此我们了解到由审查会介入强制住院或者强制社会治疗的需求评估，不但将专科医师权利限缩，最终决定患者强制住院或者社区治疗的单位并非医疗体系而已，其他专业人士对患者治疗的观点也开始受到重视。审查会召

---

[1] 唐宜祯，吴慧菁，等. 省思严重精神疾患强制治疗概念［J］. 身心障碍研究，2011（1）：2.

开审查会议时，可以通知审查案件之当事人或者利害关系到场说明，或主动派员访查当事人或者利害关系人。

审查会具有一定的中立性，由其决定对患者是否实施强制治疗，对于保护患者合法权益有重要作用。

另外，我国台湾地区"精神卫生法"第42条、第45条将强制住院治疗、社区治疗的期限限定为6个月，但经二位以上主管机关指定的专科医师鉴定有延长之必要的，经审查会许可，可以延长，每次延长的期限不得超过6个月。

### （四）权利救济

权利必须得到救济，"救济先于权利""没有救济就没有权利"，对患者权利的规定在于给予其提供完善的救济体系。为了保障患者的人身自由不受侵犯，"该法"对强制住院、社区治疗的条件、程序作了具体规定，只有在符合条件时才能对患者实施具有限制、剥夺人身自由的强制住院方式。基于此，我国台湾地区"精神卫生法"第42条第3项规定，对于紧急安置或者强制住院的严重患者或者其保护人，可以向法院申请裁定停止紧急安置或者强制住院。对法院裁定不服的，在裁定送达后10日内提起上诉。该条给予限于危急中的患者及其保护人以诉权，来保护本人的人身自由不受医疗机构的限制。

另外，患者权益促进相关公益团体可以就强制治疗、紧急安置以及社区治疗进行个案监督和检查，发现不妥时，应当立即通知各主管机关采取改善措施，还可以就强制住院治疗、紧急安置向法院申请停止紧急安置或强制住院。

现行法律在为患者提供救济的同时，也授权社会组织对医疗机构的强制治疗行为进行监督，此为患者提供了一个较为有效的权利救济体系。

虽然"精神卫生法"对患者享有的权利、权利保护及救济作了较为详尽的规定，但是"精神卫生法"第38条规定，精神医疗机构于住院患者稳定或康复，无继续住院治疗之必要时，应通知本人或保护人办理出院。因此患者出院需要经过精神医疗机构的许可，患者不享有自由出院权。这在一定程度上授权医疗机构任意剥夺或限制患者人身自由的权利，将给患者权利造成较大的损害。这也是我国台湾地区"精神卫生法"的一大缺憾。

## 二、我国台湾地区精神障碍患者强制社区治疗研究

我国台湾地区"精神卫生法"针对拒绝接受住院治疗的严重患者可以实施强制住院治疗，同样，对拒绝接受社区治疗的严重患者，符合法定条件的，可以对其实施强制社区治疗。强制社区治疗是指严重患者不遵守医嘱致其病情不稳或生活功能有退化之虞的，经专科医师诊断有接受社区治疗之必要的，严重患者拒绝或无法表达时，指定精神医疗机构在履行相关手续后，可以向审查会申请许可强制社区治疗，由审查会作出对严重患者实施强制社区治疗的一种治疗方式。根据我国台湾地区"精神卫生法"第3条的规定，社区可以采取居家治疗、社区精神康复、门诊治疗等治疗方式。以下以强制社区治疗为主题，对其存在的合理性、履行的程序进行论证，在此基础上对这一治疗

方式进行评价。

## (一) 强制社区治疗存在的合理性基础

如上所述，对病情不稳或生活功能有退化之虞的严重患者采取强制社区治疗方式的目的主要是防止其病情进一步恶化，具有预防性质。对没有实施危害行为（之虞）的严重患者采取违背其意志和限制人身自由的治疗方式是否具有合理性，学界存在争议。

有学者认为，权力违抗公民意愿而行使的唯一目的，在于防止该公民侵犯他人的合法权益或者制裁该公民实施的违法行为，仅仅对该患者本身身体或者心理有益，并不能证明该权力行使具有合法性。❶还有学者从义务论的角度出发，认为个人自主在任何环境下都应该被绝对尊重，对任何情况下的强制社区治疗都是有害的。

还有学者认为，强制社区治疗不仅包括不能照顾自己之人，也包括保护严重患者免于自我伤害，功利主义者也认为那种绝对尊重精神障碍患者选择精神疾病痛苦的选择自由，在某些情况下应该被限制。❷

笔者认为，强制社区治疗通过公权力强迫严重患者接受治疗，一方面造成国家对患者人身自由、人性尊严以及隐私权等权利的干涉，而其目的是保障患者本人的健康权，避免其反复住院；另一方面也是为了维护社会安全。因此国家需要在对患者权益造成的损害与其保护的利益之

---

❶ 丁正杰. 台湾地区"精神卫生法"强制社区治疗制度之未来 [J]. 军法专刊, 2008 (3): 212.

❷ Richard O'Reilly, Why Are Community Treatment Orders Controversial, 49 No 9 Canadian Journal of Psychiatry580 (2004): 244.

间进行权衡。为此，立法需要做到对患者权益造成的损害最小且保护的利益应当最大化，对于前者可以从治疗目的、基本精神、执行方式以及实质内容、辅助制度或救济方式方面加以规范。因此在有助于严重患者逐渐康复的前提下，为防止其病情发作而实施失控行为或社会大众基于担心严重患者实施攻击行为而伤及无辜，对于严重患者的人身自由、人性尊严、隐私权等基本权进行干预，也合乎法律精神。

**（二）实施强制社区治疗的条件**

1. 强制社区治疗的实体条件

根据我国台湾地区"精神卫生法"第45条以及其他相关规定，对严重患者实施强制社区治疗的实体条件有以下几点。

（1）不遵医嘱致其病情不稳或生活功能有退化之虞。

强制社区治疗采取的是"病情恶化"标准。但是并没有规定何为病情恶化，相应的"立法"理由也没有作出解释。这一标准区别于强制住院治疗的"伤害他人或者自己或者有伤害之虞"条件。但是如果患者因精神疾病，而造成自己或者他人损害的，应可认为是一种病情恶化的表现，符合规定条件可以对其实施强制社区治疗。

（2）经专科医师诊断有接受社区治疗之必要，但严重病人拒绝接受或者无法表达的。

何为"必要"，相关规定对此没有作出明确界定。为此，笔者认为，可以引入比例原则，将必要解释成比例原则之"必要性原则""最小侵害原则"。❶ 即在达成帮助严重患者康复这一立法目的有各项手段时，应选择对严重患者权利侵害最小的手段，此时手段具有必要性。我国台湾地区"大法官"许宗力在"大法官"释字第584号之协同意见书中，说明必要性原则的审查重点在于"是否属于最小侵害手段，关键在于究竟是否存在一个能够相同有效达成目的，对相对人基本权利侵害最小，且未造成不可期待之公益成本负担（例如，增加对第三人权益之负担或造成国家财政困难等）之手段存在。倘若符合前开要件之替代手段并无其他客观上不能之障碍存在，则能采取而不采取，系争手段自不能免于违反必要原则之指控"。从上述论述中，必要性原则的审查步骤有两点：一是是否存在其他对相对人基本权利侵害最小的手段；二是履行该手段的成本是否过大以致超过预期。

换言之，如果存在其他对病人基本权利侵害最小的治疗手段，且存在履行的可能性时，就不能选择实施强制社区治疗。

2. 强制社区治疗的程序条件

根据相关规定，指定的精神医疗机构是强制社区治疗的发起者。

（1）申请强制社区治疗许可。根据我国台湾地区"精神卫生法"第45条的规定，严重患者经诊断有社区治疗之必要的，其仍然拒绝接受或者无法表达的，指定的医疗机构应当立即填具强制社区治疗基本数据表、通报表，

---

❶ 翁岳生. 行政法（下）[M]. 北京：中国法制出版社，2000：833.

并检附严重患者及其保护人意见、相关诊断证明文件及病历摘要、治疗计划摘要等,向审查会申请许可强制社区治疗。

(2) 审查会决定。审查会由医师、护理师、职能治疗师、心理师律师、社会工作师、病人权益促进团体代表等相关人士组成。审查会可以根据案件性质,邀请前述各类成员七人以上审查之。审查会主要采取会议的方式审查强制许可,必要时也可以书面方式或访查方式进行。但是,强制住院的决定必须以书面方式作出,并以书面、传真或其他方式送达申请人以及严重患者及其保护人。

(3) 期间。强制社区治疗期间不得超过6个月。但是经某些主管机关指定的专科医师诊断有延长必要的,并报经审查会许可的,可以延长。延长强制社区治疗的申请,应于强制社区治疗期间届满前14日提出。延长期间,每次以一年为限。

### (三) 对强制社区治疗的评价

强制社区治疗针对的对象是"病情恶化"的严重患者,其对防止患者病情进一步恶化具有一定的作用。但是笔者认为我国台湾地区强制社区治疗仍存在一定的缺陷。主要表现在以下几个方面。

(1) 严重患者及其保护人对强制社区治疗决定不能提起诉讼,无法获得司法救济。被强制住院的患者及其保护人对审查会的决定可以按照相关规定向法院提出上诉,对法院裁定不服的,仍然可以提起再上诉,但是没有规定对审查会的强制社区治疗决定可以提起诉讼。也就是说,被强制社区治疗的患者无法获得司法救济。通常情况下,无论是强制社区治疗还是强制住院治疗都是在违背患者意志情形下进行的治疗方式，而审查会也不是司法机构，其作出的决定也不具有最终的效力，但是对强制住院治疗的决定，患者及其保护人享有诉权，而对强制社区治疗的决定，患者及其保护人并没有诉权。因而，笔者认为这在一定程度上违反了法律的平等保护原则。

（2）强制社区治疗的期间可以无限期延长，这将造成患者被长期实施强制社区治疗的结果。虽然相关规定对强制社区治疗的期间以及延长的期间作了明确规定，但是对延长的次数没有作出规定，每次延长的期间均为一年，这一延长期间较长。另外，严重患者的治疗费用在全民健康保险给付范围之外的由我国台湾地区卫生主管机关负担，这在一定程度上将刺激医疗机构无限期延长社区治疗的期间，导致患者长时间滞留在医疗机构而无法获得完全的人身自由，严重侵害患者的人身权利，也将浪费大量的医疗资源。

（3）患者及其保护人无权选择放弃社区治疗。根据我国台湾地区"精神卫生法"第45条第3项的规定，强制治疗期间，严重患者病情改善而无继续强制社区治疗的，办理强制社区治疗的机构、团体，应当停止强制社区治疗，并立即通知有关主管机关。强制社区治疗期满或者审查会认为没有继续必要的，也应停止社区治疗。也就是说，在通常情况下，患者病情改善且无继续治疗必要的，是停止社区治疗的必要条件。因此，患者及其保护人无权拒绝接受强制治疗，这将造成患者任凭医疗机构或诊断医师处置的境地，而无法影响医疗机构的决定。

(4)审查会审理案件的程序属于行政程序。按照相关规定,审查会审理案件可以采取会议、书面或主动派员访查当事人或者利害关系等形式。采取会议形式的,可以通知审查案件的当事人或者利害关系人到场说明。这些规定,基本上都是授权规定,而非义务规定。也就是说,审查会审理案件形式多样,是否通知当事人或者利害关系人到场申辩、陈述属于裁量权范畴。当事人或利害关系人没有程序参与权。这将造成当事人或利害关系人无法通过参与程序,而影响案件审查的结果,当事人或利害关系人处于被动、客体的地位,有违"正当规定程序""自然公正"之嫌。

综上,我国台湾地区"精神卫生法"的初衷是避免患者病情的进一步恶化,但是从相关规定上来说,其仍会对患者的基本权利造成很大的限制,并且这种限制将无法获得司法救济,这也是一大缺陷。

## 三、我国台湾地区精神障碍患者强制住院治疗之研究

精神障碍患者是社会的弱势群体,其认识能力和判断能力受到一定的限制,因此其权利很容易受到他人的侵害,但是同时具有一定攻击性的精神病人可能对他人权利造成一定的损害。因此基于维护本人和他人的利益考虑,应有必要对可能造成的风险加以防范。我国台湾地区于1990年通过了所谓"精神卫生法",后经过三次修改而为现行规定,对严重精神患者强制住院的条件、程序以及救济作了较为详尽的规定。以下通过介绍我国台湾地区"精

神卫生法"对精神患者强制医疗方面的现行规定,对其进行评价。

### (一)强制住院的条件

我国台湾地区"精神卫生法"将精神疾病界定为：思考、情绪、知觉、认知、行为等精神状态表现异常,致其适应生活之功能发生障碍,需给予医疗及照顾之疾病,包括精神病、精神官能症、酒瘾、药瘾及其他经我国台湾地区卫生主管机关认定之精神疾病,但不包括反社会人格者。这一界定范围较为宽泛,我国《精神卫生法》中的精神障碍患者主要是指患有精神疾病的行为人,一般不包括毒瘾、药瘾患者。

1. 强制住院医疗的实体条件

(1)行为人为严重病人。严重患者是指病人呈现出与现实脱节之怪异思想及奇特行为,致不能处理自己事务,经专科医师诊断认定者。另外,经专科医师诊断或者鉴定属严重患者的,医疗机构应将其资料通报相关主管机关。

(2)患者伤害他人或者有伤害之虞的,经专科医师诊断有全日住院治疗的必要的。这是强制住院医疗的必要条件。也就是说,不是所有的严重患者都需要对其实施住院治疗,只是在有必要时。

2. 强制住院医疗的程序条件

如前所述,我国台湾地区新修改的"精神卫生法"对强制住院医疗决定程序作了重大修改。可以分为以下几个程序。

(1)紧急安置、强制鉴定。根据"精神卫生法"第41条规定,如果符合条件的严重患者拒绝接受全日住院治疗者，我国台湾地区地方卫生主管机关可以指定精神医疗机构予以紧急安置，并交由两位以上市县主管机关指定的专科医师进行强制鉴定。紧急安置要符合比例原则的要求，在达到保护之目的时必须对患者权利的限制是最小的。紧急处置的形式包括限制患者的活动区域、拘束身体或者限制其行动自由、给予药物或者其他适当治疗处置等。根据规定，紧急安置期间不得超过5日，且强制鉴定必须在紧急安置之日起2日内完成。

（2）指定医疗机构作出初步意见，提出强制许可住院申请。如果强制鉴定结果表明，患者仍有全日住院治疗的必要，严重患者拒绝接受或者无法表达的，应立即填具强制住院基本数据表及通报表，并检附严重患者及其保护人之意见及相关诊断证明文件，向审查会申请强制住院许可。

（3）审查会决定。审查会由医师、律师、社会工作师等组成。对强制住院许可的审查通常采取会议的方式，必要时可以书面方式或者访查方式为之。强制住院的决定应以书面方式作出，并以书面、传真或其他方式送达申请人以及严重患者及其保护人。

根据规定，强制住院期间不得超过60日。但是经两位以上专科医师鉴定有延长必要的，经审查会许可，可以延长。延长严重患者强制住院的申请，应于原许可强制住院期间届满前14日为止，但是每次延长的时间以60日为限。

总之，应由主管机关指定的医疗机构向审查会提出证据，证明患者符合（延长）强制住院的条件，在存疑时，审查会应当作出不予强制住院的许可。

3. 设置保护人

经专科医师诊断或者鉴定属严重患者的，应当设置保护人一人。保护人设置时应当考虑严重患者利益，所以，未成年人，受禁治产宣告尚未撤销者，受停止全部或一部分亲权之宣告，或者经亲属会议撤退其监护人资格的；与病人涉讼，利益相反；或有其他情形足认其执行保护职务有偏颇者，体力或者能力不足以执行保护职务者不得成为保护人，出现上述情况时，地方主管机关可以按照职权或者依患者申请为其选定保护人。

当然保护人也可由监护人、法定代理人、配偶、父母、家属等互推一人为之。无法产生保护人时，医疗机构应通知地方主管机关，地方主管机关接获医疗机构无法通知产生保护人时，可以邀请患者之监护人、法定代理人、配偶、父母、家属等会商确定。严重患者没有保护人时，医疗机构应于诊断或者鉴定完成后，将其就医或者陪同人员的相关资料，通知户籍所在地主管机关选定适当人员、机构或者团体为保护人，主要包括地方主管机关及其所属人员；地方社政机关及其所属人员；地方主管机关委托的身心障碍福利机构或者团体；严重患者户籍地或者住（居）所地的邻里长、村里干事等；户籍所在地不明的，由住（居）所地或所在地的主管机关为之。

严重患者的保护人，应当填具自愿出任保护人同意书，并将其递交医疗机构，后者在7日内通报严重患者户籍所在地主管机关。

严重患者经专科医师诊断认定已不符合严重患者条件

的，保护人职务自动解除。诊断医师并应通报其户籍所在地主管机关。

保护人应当根据我国台湾地区"精神卫生法"的规定履行保护人职责。保护人在严重患者情况危急时，非立即给予保护或者送医，其生命或者身体有立即之危险或危险之虞的，由保护人予以紧急处置。

**(二) 强制住院的救济**

（1）患者自己的救济。这是指经紧急安置或者强制住院之严重患者或者其保护人，有权向法院申请裁定停止紧急安置或者强制住院。严重患者或者其保护人对于法院裁定不服的，有权于经过原审法院向上级法院裁定送达后10日内提起上诉，对于上诉法院之裁定不得再上诉。原审法院或者审判长认为上诉有理由的，应撤销或者变更原裁定。上诉法院认为上诉有理由的，应当废弃或者变更原裁定，非有必要，不得命原法院或者审判长更改裁定。

（2）经"当局主管机关"认可的病人权益促进相关公益团体，可以就强制医疗、紧急安置进行个案监督及核查。发现情况不妥的，应当立即通知各主管机关采取改善措施，并在考虑严重患者最佳利益时，可以向法院申请裁定停止紧急安置或者强制住院。

**(三) 评　　价**

我国台湾地区"精神卫生法"对强制住院的条件、程序以及救济方面作了较为完善的规定，对于保护患者合法权益具有重大意义，但是在肯定台湾地区"精神卫生法"取得成绩的同时，也应看到其不足。

（1）严重患者没有出院的权利。根据我国台湾地区"精神卫生法"第38条的规定，精神医疗机构于住院患者病情稳定或者康复，无继续住院治疗之必要时，应通知本人或者保护人办理出院，不得无故留置患者。精神医疗机构于患者出院前，应协助患者及其保护人拟定具体可行之康复、转诊、安置及追踪计划。从此条规定可以看出，患者能否出院完全取决于精神医疗机构的决定，患者或者其保护人没有权利选择出院，并且"精神卫生法"也没有规定患者或者其保护人坚持出院而医疗机构不同意时，应该如何处理。而这很可能导致患者一旦住院治疗必将等到60天期满或者更长时间才能出院的后果，这将给患者的后续康复造成一定障碍和不利的影响。

（2）患者及其保护人无法参与审查会审理强制住院、强制鉴定的程序。虽然相关规定由中立的第三方——审查会来作出强制住院许可，但是对患者及其保护人参与这一审理程序并没有作出规定，只是规定了审查会可以采取会议、书面或者访查的方式。患者及其监护人的申辩权、陈述权没有得到保障，因此，笔者认为审查会审理案件的程序并不具有司法性质，更多的是行政程序，而这不利于审查会作出更公正的裁决。

# 第三章 精神障碍患者权利保护

## 一、精神障碍患者权利种类、存在问题及完善

精神障碍患者是社会的边缘人群,由于受到认识能力和判断能力的限制,其权利容易遭受侵犯,但是也会侵犯他人的权利,而现实生活中也出现了很多"被精神病"的事件,因此为了保护精神病人(以下简称"精神障碍患者")的合法权益,避免"被精神病",立法者历经几十年的努力,经过漫长调研,在总结地方精神卫生条例立法和实践的基础上,制定了现行《精神卫生法》。笔者认为,《精神卫生法》的核心原则应该是保护患者的合法权利不受侵犯,限制和规范公权力部门以及医疗机构的行政行为、医疗行为。本章选取该法中患者权利作为主题,对患者权利进行解释,并指出其中的问题,提出完善的路径。

### (一)《精神卫生法》中患者的权利

《精神卫生法》对患者权利的规定主要集中在总则和第三章"精神障碍的诊断和治疗",主要的立法方式是通过列举和概括的方式来展现。

1. 社会经济权利

社会经济权利是《宪法》规定的公民的基本权利,是

指作为社会成员的公民在"社会生活和经济生活"中享有的权利，属于"物质社会中的个人权利"，它通过公民"要求国家给予一定物质利益"的请求权来肯定公民身份的有效性，同时也是"政府对公民承担绝对保障责任的受益权"，在实践意义上它体现为通过国家以积极介入的方式，实现公民的经济自由、平等参与经济生活和有效获取物质利益的权利，最终目标是满足公民实现"社会化"所需要的基本生活条件。❶

《精神卫生法》第 4 条第 2 款规定，精神障碍患者的教育、劳动、医疗以及获得物质帮助等方面的权利不受侵犯。全社会应该为康复的或者具有认识能力和判断能力的患者提供平等的受教育、就业等机会，不得歧视。《劳动法》以及劳动合同对劳动者公平就业的权利进行了规定，患者在受到不平等对待时可以向各级工会和劳动保障部门投诉。

2. 人身权利不受侵犯

《精神卫生法》第 4 条第 3 款规定精神障碍患者的姓名、肖像、住址以及隐私权不受侵犯。但是该条只是列举性，不能代表全部。患者还享有《民法典》所规定的其他一系列人身权利，如名誉权、人身自由等。这些权利只有在法律有规定时才能予以限制，且这种限制还应当符合比例原则的要求。

笔者认为人身权利和社会经济权利规定在《精神卫生法》中没有太大的实质性意义，因为《宪法》《民法典》

---

❶ 魏健馨，刘丽. 社会经济权利之宪法解读 [J]. 南开学报，2011（2）：108.

《劳动合同法》等法律已经作了详细的规定，在《精神卫生法》中再次规定只是起强调的作用。

3. 知情（同意）权

《精神卫生法》中的知情权是指患者享有的知悉其购买、使用的医疗服务的真实情况的权利。这一权利最早出现在美国 1962 年 3 月 15 日关于保护消费者利益的国情咨文中，是该咨文提出的消费者的四大基本权利之一。同意权是指在被充分告知各种与其所患疾病相关的医疗信息的基础上，对医疗人员制定的诊疗计划自行决定取舍的一种权利。❶ 同意权以知情权为前提，没有知情权，同意权无从行使。知情同意权是在医患双方信息不对等的情况下，保障患者合法权益而创设的基本权利。

《精神卫生法》对患者的知情（同意）权作了列举性的规定。①对实行保安性住院的诊断结论有知情权。虽然该法第 32 条没有明确规定该项知情权，但是可以从"患者或者其监护人对需要住院治疗的诊断结论有异议，不同意对患者实施住院治疗的，可以要求再次诊断和鉴定"这一规定中得出，而患者并不具有同意权。因为只要符合法律规定，医疗机构可以对患者实施强制住院治疗。②对诊断、治疗过程中享有的权利享有知情权，该权利的义务主体是医疗机构及其医务人员。③对治疗方案、治疗方法、目的以及可能产生的后果享有知情权。④根据该法第 47 条规定，患者对病情、治疗措施、用药情况、实施约束、隔离措施等内容享有知情权。《精神卫生法》规定的大部

---

❶ 陈福民，胡永庆. 对患者知情同意权的法律保护 [J]. 政治与法律，2003（2）：147.

分都是患者的知情权，而对同意权没有规定，或者将该权利授予其监护人。

4. 通讯、会客权

《精神卫生法》第46条规定，医疗机构以及医务人员应当尊重患者的会客、通讯权。该权利的主体是患者，而非其监护人。另外，除医疗机构、医务人员是该权利的义务主体外，其监护人或近亲属也应尊重该权利的行使，没有法律规定的事由不得对其进行限制。

5. 异议权

《精神卫生法》第32条规定，患者或者其监护人对需要住院治疗的诊断结论有异议的，不同意对患者实施住院治疗的，可以要求再次诊断和鉴定。对再次诊断结论持有异议的，可以自主委托依法取得执业资质的鉴定机构进行精神障碍医学鉴定。但是该异议权的行使应当符合法律规定的程序和时间限制。

6. 诉　权

《精神卫生法》第82条规定，精神障碍患者或者其监护人、近亲属认为行政机关、医疗机构或者其他有关单位和个人违反该法规定侵害患者合法权益的，可以依法提起诉讼。这条规定诉权的权利主体是患者、其监护人、近亲属。当然患者的合法权益遭受损害时，可以依法请求损害赔偿。

(二) 患者权利保护存在的问题

以上所述，笔者概括了《精神卫生法》中患者的一些权利，但是法律对患者权利的保护仍然存在一定的问题，主要包括以下几个方面。

（1）对患者隐私权的披露无须征得其同意。根据法律规定，在依法履行职责有需要时，可以披露患者的隐私信息，而无须征得患者或其监护人的同意，当然也无须告知患者。这明显违反了"在作出对一方不利决定时，应当听取其意见、陈述和申辩"这一自然公正或正当法律程序原则。

（2）《精神卫生法》对患者的同意权基本上没有规定。如前所述，虽然法律对患者的知情权作出详细规定，但是这种规定存在两方面的问题。一方面是该知情权的主体除了患者外，其监护人有时也享有。因此在很多情况下，医疗机构及其医务人员往往向其监护人履行告知义务，而不再向患者履行。另一方面是患者虽然享有知情权，但是其不具有同意权。患者对住院诊断结论有知情权，但是其不具有同意权。按照该法第 31 条规定，其监护人可以取代患者作出是否同意住院治疗的决定，而无须听取患者本人的意见，如江苏朱某某案。❶ 而在该法第 32 条的情况下，如果其监护人同意住院治疗，但是患者不同意时，如何处理，是否还必须进行再次诊断和鉴定？法律对此没有作出规定。实践中医疗机构在征得其监护人的同意下，就不再听取患者本人的意见了。上述两种情况均违反了正当法律程序原则，笔者认为法律之所以没有将同意权授予患者或者不征求患者本人的意见，主要在于《精神卫生法》认为精神障碍患者不具有表达意思的能力，属于无民事行为能力人，这反映了该法对患者的歧视和对其权利的漠视。

（3）法律虽然规定医疗机构及其医务人员承担的义

---

❶ 黄雪涛，刘潇虎，刘佳佳. 中国精神病收治制度法律分析报告［R］. 深圳衡平机构，2010：17.

务，但是对不履行义务的法律责任规定不全。纵观《精神卫生法》第 6 章的规定，只在第 75 条对侵犯患者会客、通讯等权利的法律后果作了规定，对侵犯患者知情权的后果没有作出任何规定。也就是说，患者在知情权遭受侵害的情况下，医疗机构及医务人员无须承担法律责任。

（4）法律虽然规定了患者在权利遭受侵害的情况下，可以向法院起诉。但是《精神卫生法》对哪些属于法院的受案范围没有作出具体的规定，如疑似精神障碍患者对公安机关的强制送治行为不服能否提起诉讼。更何况有些情况行为人根本不知道送治机关，如江西叶某某案。❶ 患者对医疗机构的行为不服，可以提起行政诉讼还是民事诉讼？这些不明确的规定会造成患者及其监护人不知如何向法院起诉、向哪个法院起诉、提起何种诉讼。

### （三）《精神卫生法》患者权利保护的完善

如上所述，《精神卫生法》对患者权利保护存在很多问题。笔者认为可以从以下几个方面加以完善。

（1）尊重患者的主体地位。按照法律规定，患者即使被诊断患有精神疾病，需要住院治疗，只要其未被法院宣告为无民事行为能力（患者为未成年人时），都应推定其具有完全的民事行为能力，其近亲属都不具有监护人资格。医疗机构及其医务人员均应尊重其权利主体地位，对需要处分的事项要征得患者本人同意，如住院治疗、对其实施约束措施、隔离措施等；履行告知义务的对象首先应

---

❶ 黄雪涛，刘潇虎，刘佳佳. 中国精神病收治制度法律分析报告 [R]. 深圳衡平机构，2010：17.

该是患者本人；在患者本人与其监护人的观点发生分歧时，应最大限度地尊重患者的意志。

（2）立法应当明确法律责任。责任是第二性义务，没有责任就没有义务，没有责任保障的义务不会被履行，这是法律规则的应有含义。因此，立法者对医疗机构及其医务人员的不履行义务，侵犯患者知情权的法律后果应作出明确规定。

（3）明确法院的受案范围、诉讼的性质，让诉权行使有的放矢。笔者认为对受案范围的立法体例可以采取列举和概括相结合的形式。如明确规定对行政机关的强制送治可以提起行政诉讼，对医疗机构的强制住院决定以及医疗行为可以提起民事诉讼，并且由行政机关、医疗机构证明其送治、医疗决定等合法性，也就是说，实行举证责任倒置，当其不能举证时，需承担败诉的法律后果。另外，医疗机构应尊重患者的诉权，不得对其限制。

《精神卫生法》的归属就是保障患者合法权利，但是如何加强患者权利保护，如何在公共秩序与个人自由之间寻求平衡，还有很长的路要走。

## 二、强制医疗的精神障碍患者知情同意权保护存在的问题及完善

基于保护精神障碍患者合法权益的需要，避免"被精神病"现象的出现，立法者经过漫长调研，在总结地方精神卫生立法和实践的基础上，制定了现行《精神卫生法》。该法对被强制医疗的患者权利、医疗机构的义务、行政机关的权利和义务都进行了明确规定，可以说，该法

应该成为保护患者权利不受非法侵犯，限制和规范公权力行使以及医疗机构医疗行为的人权法。以下以患者知情同意权为切入点，重点阐述《精神卫生法》中患者知情同意权保护的不足，在此基础上提出完善的具体措施。

### （一）《精神卫生法》中患者知情同意权的内容

《精神卫生法》中的知情权是指患者享有的知悉其购买、使用的医疗服务的真实情况的权利。同意权是指在被充分告知各种与其所患疾病相关的医疗信息的基础上，对医疗人员制定的诊疗计划自行决定取舍的一种权利。[1] 同意权以知情权为前提，没有知情权，同意权无从行使。知情同意权是在医患双方信息不对等的情况下，保障患者合法权益而创设的基本权利。

#### 1. 对诊断结论的知情权

《精神卫生法》第32条规定，患者或者其监护人对需要住院治疗的诊断结论有异议的，不同意对患者实施住院治疗的，可以要求再次诊断和鉴定。因此只有在患者本人知晓该诊断结论时，才能作出是否同意的意思表示。另外，只要患者或者其监护人一方对诊断结论有异议时，就必须进行再次诊断或鉴定。

#### 2. 对享有权利内容的知情权

《精神卫生法》第37条规定，医疗机构及其医务人员应当将精神障碍患者在诊断、治疗过程中享有的权利告知患者或者其监护人。该项知情权的主体为患者和其监护

---

[1] 陈福民，胡永庆. 对患者知情同意权的法律保护 [J]. 政治与法律，2003（2）：146-149.

人，而义务主体为医疗机构及其医务人员，后者包括医师、护士、麻醉师等诊疗护理人员。

3. 对治疗方案、治疗方法、目的以及产生的后果的知情权

治疗方案、方法、目的以及可能产生的后果直接影响患者是否能及时康复以及对患者人身健康的影响，因此，医疗机构必须将上述内容告知患者或者其监护人，以便其做好相应的准备。

4. 对实施特殊治疗措施的知情（同意）权

《精神卫生法》第43条规定，医疗机构对精神障碍患者实施导致人体器官丧失功能的外科手术或者与精神障碍治疗有关的实验性临床治疗的，应当向患者或者其监护人告知医疗风险、替代医疗方案等情况，并取得患者同意；无法取得患者意见的，应当取得其监护人的书面同意，并经本医疗机构伦理委员会批准。

如上所述，《精神卫生法》对患者知情权作了较为详细规定，但是也应注意到，知情同意权的主体在很多情况下不仅限于患者本人，其监护人也是知情权主体，特别也是同意权主体，在一定程度上，其监护人的知情同意权远甚于患者本人。

### （二）患者知情同意权保护的不足

尽管法律对患者知情同意权作了列举性规定，但是笔者认为仍存在以下缺陷。

1. 患者对医学保护性住院治疗不具有同意权，对保安性住院治疗的同意权不具有约束性

医学保护性住院治疗是指针对发生伤害自身的或有伤

害自身危险的患者，对其实施的住院治疗。保安性住院治疗是指针对发生伤害他人安全的或有伤害他人安全危险的患者，对其实施住院治疗。根据《精神卫生法》第32条规定，医学保护性住院治疗同意权的主体专属于患者监护人，患者本人不享有，且在此情况下，患者本人也无权要求出院。而对保安性住院治疗决定，患者可以表示不同意，但是此种不同意不足以阻止医疗机构对其实施强制住院治疗。概而言之，患者本人无论对保护性住院治疗还是对保安性住院治疗都没有同意权。

之所以出现以上的规定，主要原因在于，《精神卫生法》将患者一律视为无民事行为能力人。笔者认为这实际上违反了《民法典》以及《民事诉讼法》关于只有法院有权宣告成年人为无民事行为能力人的规定，其他个人或单位包括医疗机构无权认定。

2. 医疗机构选择性地履行告知义务，导致患者知情权形同虚设

《精神卫生法》将知情权同时授予患者及其监护人，在大多数情况下都这样规定，医疗机构及其医务人员"告知患者或者监护人"。这一规定实际上授权义务主体选择履行义务的对象，而这不为法律所禁止。现实生活中，在很多情况下，医疗机构都选择患者监护人作为履行告知义务的对象，将患者视为无民事行为能力主体，在此情况下，将导致患者知情同意权的虚无化。

3. 《精神卫生法》只规定了知情权，但是对同意权基本上没有规定

知情权是行使同意权的保障，但是行为人享有、履行

知情权的目的是决定是否接受消费、服务、治疗，即同意权是知情权的归宿和目的，没有同意权，知情权的存在就失去了其应有的意义。正基于此种原因，在一般情况下对二者合称为知情同意权。但是《精神卫生法》在很多情况下只是规定了患者或其监护人的知情权，对同意权没有作出规定，如对某些治疗项目（该法第43条除外）、治疗方案无须征得患者或者监护人同意，即可实施，而这实际上将医疗机构置于国家监护人的地位，将医疗机构的医疗行为一概推定为合乎患者本人意志。

### （三）完善保护患者知情同意权的措施

**1. 引入独立的审查机制，保障患者的同意权，并为患者提供权利救济**

如上所述，患者对保护性住院治疗结论不具有同意权，对诊断结论也不能申请再次诊断和鉴定；患者对保安性住院治疗诊断结论虽然可以行使同意权，但是该同意权不具有最终的意义。因为如果再次诊断结论或鉴定报告表明其符合强制住院治疗条件的，监护人应当同意对患者实施住院治疗，此时患者无权拒绝。而作出再次诊断结论或鉴定报告的主体与原医疗机构存在千丝万缕的关系，使其中立性受到严重质疑，因此笔者认为为了保护患者同意权行使的有效性，可以引入独立的审查机制，审查医疗机构的住院诊断结论，并在此基础上为患者提供权利救济。

此处可以借鉴我国台湾地区审查会制度。根据我国台湾地区"精神卫生法"第15条规定，精神疾病强制住院、强制社区治疗有关事项，由主管机关精神疾病鉴定、强制社区治疗审查会审查。即在患者不同意住院治疗时，由独立的第三方机构——审查会作出是否许可强制住院的决定，医疗机构无权作出。在审查的过程中，由医疗机构举证证明患者符合强制住院治疗的条件，患者不需要证明其不同意住院治疗的原因。简言之，患者不同意住院治疗的意思表示，将医疗机构的住院结论引入审查会的准司法程序，这将有利于患者权利的保护，而这与大陆强制住院程序形成强烈对比。因此为了有效保护患者权利，将现在的作出住院结论的行政程序改造成（准）司法程序尤为必要。

2. 医疗机构的告知义务必须同时向患者及其监护人履行

患者及其监护人均是知情权的主体，且监护人的权利来自患者本人，其行使知情权具有代理的性质。因此在任何时候，患者本人均是知情权的主体，医疗机构的告知义务必须同时向患者和其监护人履行，不能以向后者履行来代替向前者履行，基于此，可以将"告知患者或其监护人"修改为"告知患者和其监护人"。当然在特定情况下，如患者处于昏迷状况或病情危急，告知义务的履行存在一定的困难，患者或者其监护人的知情同意权行使存在障碍时，❶医疗机构可以将此一特殊情况记录在案，待取得医疗机构负责人同意后对其实施治疗。

3. 完善法律责任，构建知情权的保障机制

医疗机构及其医务人员告知义务的履行必须有相应的

---

❶ 张晓隆. 知情同意权实施过程中的难点及探索［J］. 中国全科医学，2008（7A）：1206-1207.

法律责任作为保障。为此，笔者认为可以规定当医疗机构及其医务人员违反告知义务时，除了承担相应的民事侵权责任外，还应承担相应的行政责任，如警告、记过等处分，情节严重的可以吊销医师执照或医疗机构许可证。

## 三、强制医疗的精神障碍患者保护人制度的构建

精神障碍患者是社会中的弱势群体，其认识能力、判断能力以及控制能力受到极大的限制。为了在保护他人的合法权益不受侵犯的同时，防止其自身的权利遭受不法侵害，现代国家（或地区）法律中规定了监护、保护人制度来协助其就医、接受治疗，履行法律所确定的权利。以下通过介绍我国台湾地区"精神卫生法"中的保护人制度，包括担任保护人的条件、权利和义务，并对此制度进行评价。基于此对《精神卫生法》中构建保护人制度提出若干建议。

### （一）我国台湾地区"精神卫生法"中保护人的设置

我国台湾地区"精神卫生法"第19条规定，经专科医师诊断或者鉴定属严重精神障碍患者的，应当设置保护人一人。保护人的设置应当考虑严重精神障碍患者利益。因此，设置保护人的目的是协助精神障碍患者接受治疗、积极履行自己的权利。设置保护人的原则是着眼于精神障碍患者的利益。

1. 保护人的资格

保护人应当具有完全的民事行为能力，能代理患者行使权利，能尽到善良管理人的职责。因此，下列人员不能担任保护人。

(1) 未成年人。我国台湾地区"民法典"规定，已满20周岁的为成年人，但是未成年人结婚的，有行为能力。

(2) 受监护或辅助宣告，尚未撤销的。2009年我国台湾地区"民法典"修改之前，法院可以依申请宣告精神障碍患者为无民事行为能力。被宣告的行为人，不论其为精神障碍或者精神耗弱皆为无行为能力人，不能独立行使权利和承担义务。2009年后，将"禁治产宣告"修改为"成年人监护"，并设立辅助宣告制度。受监护宣告的行为人没有行为能力，但是受辅助宣告之人的法律行为应经过辅助人同意，但纯获法律上利益，或者依照年龄及身份、日常生活所必需的除外。因此，此处的受禁治产宣告应该理解为受监护宣告或辅助宣告。这两类人都不能成为保护人。

(3) 受停止全部或一部亲权之宣告。亲权是指"父母对未成年子女有身份上及财产上的以监督保护为内容的权利义务的总称"。❶ 我国台湾地区"民法典"第1090条规定，父母一方滥用其对于子女的权利时，法院可以依照他方、未成年子女、主管机关、社会福利机构或者其他利害关系人的请求或者依职权，为子女的利益，宣告停止其权利的全部或一部分。也就是说，法院是宣告停止亲权的合法主体，其他机构包括下文所说的亲属会议无权作出此决定。

(4) 由法院撤销其监护人资格的。我国台湾地区修正

---

❶ 史尚宽."亲属法"[M]. 台北：荣泰印书馆，1980：521.

后的"民法典",将撤销监护资格的权力授予法院,亲属会议不在享有撤销监护的资格以内。如"民法典"第1106条之一规定,有事实足认监护人不符合受监护人之最佳利益的,或者有显不适任之情事的,法院可以依照有利害关系人之申请,改定适当的监护人。法院在改定监护人确定前,可以先行宣告原监护人之监护权,并由当地社会福利主管机关为其监护人。

(5) 与患者涉讼利益相反,或者有其他情形足认其执行保护职务有偏颇的。设置保护人的目的为保护病人的合法权益。如果行为人正与患者争讼,或者有其他利益冲突,显然不适合担任保护人。

(6) 体力或者能力不足以执行保护职务的不能担任保护人。

2. 保护人产生的程序

保护人可以由监护人、法定代理人、配偶、父母、家属等互推一人。地方主管机关于接获医疗机构通知无法产生保护人时,可以邀集患者之监护人、法定代理人、配偶、父母、家属等会商选定。

保护人如出现受禁治宣告,未被撤销;与患者利益相反或体力、能力不足以执行保护职务等情形的,地方主管机关可以根据患者亲属或者利害关系人的申请或者依照职权另行确定。

严重精神障碍患者无保护人时,医疗机构应于诊断或者鉴定完成后,将其就医及陪同人员的相关材料,通知其户籍所在地的主管机关选定保护人。户籍所在地不明的,由其住所地或者所在地主管机关为之。

严重精神障碍患者的保护人，应填写自愿任保护人同意书，递交医疗机构于7日内通报严重精神患者户籍所在地主管机关。地方主管机关应就保护人数据予以建文件、建立名册，并定期更新，并将其登录于主管机关所建置的电子数据库。

**（二）我国台湾地区"精神卫生法"中保护人的义务和权利**

设置保护人的目的在于保障患者权利，因此，保护人无论是行使权利还是履行义务，都应该以严重精神障碍患者的利益最大化为原则，不得损害患者的利益。

1. 保护人承担的义务

（1）协助就医的义务。该义务可以分为一般（概括意义）协助和具体的协助就医两种形式，前者如我国台湾地区"精神卫生法"第29条的规定："病人或有第三条第一款所定状态之人之保护人或家属，应协助其就医"；后者如第41条规定"严重病人是伤害他人或自己或有伤害之虞，经专科医师诊断有全日住院治疗之必要者，其保护人应协助严重病人，前往精神医疗机构办理住院"以及第45条的规定，在严重精神障碍患者不遵医嘱致使其病情不稳或者生活功能有退化之虞时，保护人协助其接受社区治疗。协助就医义务是行为人行使其他权利的前提和基础。

（2）紧急处置的义务。我国台湾地区"精神卫生法"第20条规定，严重精神障碍患者情况危急，非立即给予保护或者送医，其生命或者身体有立即之危险或有危险之虞，由保护人予以紧急处置。此处之紧急处置应为义务。因为此种情况下，保护人的紧急处置行为对患者的生命权利有关键的影响，如果不实施紧急处置，患者的生命权利可能丧失，这与建立保护人制度的目的相反。因此，紧急处置为保护人之义务而非权利，但是相关规定对紧急处置的内容没有具体界定，笔者认为可以参照我国台湾地区"精神卫生法"第41条第2款紧急安置的处理方法，如可以采取限制严重精神障碍患者活动的区域范围、拘束严重精神障碍患者之身体或者限制其行动自由等措施，但是采取的措施必须遵循比例原则，即合理且侵害最小的原则。❶

2. 保护人享有的权利

（1）知情权又称知悉权、资讯权、信息权，是指公众从官方或非官方（这里是指医方）的渠道获取信息的自由和权利。此处的知情权可以分为保护人独享的知情权以及与患者共享的知情权两种。前者如我国台湾地区"精神卫生法"第24条规定，精神照顾机构在保障患者安全的必要范围内，可以设置监看设备，但应告知患者，于严重精神障碍患者时，应告知其保护人。照顾机构安装此类设备不以保护人同意为前提，因此，此一知情权对照顾机构的决定不具有实质性意义。后者如第36条规定，医疗机构诊治患者或于患者住院时，应向其本人及其保护人说明病情、治疗方针、预后情形、住院理由及其应享有的权利等有关事项。医疗机构告知义务履行的对象包括患者和家属。

---

❶ 翁岳生. 行政法（下）[M]. 北京：中国法制出版社，2000：833.

(2) 同意权。同意权行使对医疗机构的决定具有实质影响，未经同意所实施的医疗行为属于侵权行为。我国台湾地区"精神卫生法"第24条第1款规定，未经严重精神障碍患者保护人同意，不得对患者录音、录像或者摄影，并不得报道其姓名或者住（居）所。第50条规定未经严重精神障碍患者保护人同意，不得对其实施精神外科手术、电痉挛治疗以及其他经主管机关公告之特殊治疗方式。

(3) 诉权和申诉权。诉权和申诉权享有的主体是严重精神障碍患者及其保护人，这是公民的基本权利，不得被任意剥夺。我国台湾地区"精神卫生法"第28条规定，保护人认为精神照顾机构及其工作人员，有侵害患者权益的，可以书面向照顾机构所在地的主管机关申诉。后者应就其申诉内容加以调查、处理，并将办理情形通知申诉人。值得注意的是，经紧急安置或者强制住院的严重精神障碍患者或其保护人，有权向法院申请裁定停止紧急安置或者强制住院，并且对法院裁定不服，还可以通过原法院向上级法院提起上诉。该条规定对于保护严重精神障碍患者的人身权利具有关键作用。

3. 对保护人制度的评价

我国台湾地区"精神卫生法"设立保护人有助于保护严重精神障碍患者的生命财产安全，有利于其及时得到救治，避免其权利遭受侵害。但对保护人责任规定上仍有一定欠缺。我国台湾地区"精神卫生法"第57条是唯一规定保护人责任的条款，其主要内容是针对保护人对严重精神障碍患者的遗弃、身心虐待、留置无生活自理能力之病人于易发生危险或伤害的环境，以及强迫或者诱骗病人结婚等违法犯罪行为的制裁。那么对于保护人怠于履行自己的义务给严重精神障碍患者造成的损害的责任如何承担，则没有明确规定。因此，笔者认为在保护人责任方面的规定还应加强。

**（三）《精神卫生法》中保护人制度构建**

1. 《精神卫生法》中监护人制度存在的问题

（1）《精神卫生法》中并没有对强制住院治疗患者的监护人资格作出详细规定。因此，笔者认为应该适用《民法典》的相关规定。这将导致与强制医疗的患者利益相冲突的近亲属也被视为监护人，而这会损害患者的合法权益。在朱某某案中，其母为得到其房产，强行将其送到医疗机构接受"住院治疗"，❶ 而医院当然地将其母亲视为监护人。在该案中朱某某与其母亲存在利益冲突，由其母担任其监护人显然不符合监护人制度设置的目的。❷

（2）监护人自动产生。《精神卫生法》第28条规定了近亲属可以作为送治主体将疑似精神障碍患者送至医疗机构进行鉴定。而到该法第31~32条时近亲属的角色转换为监护人，从而行使涉及患者名誉的精神障碍结论的同意权以及限制患者人身自由的强制医疗的同意权和出院权（停止接受强制医疗的权利）。前述两个条文对监护人产生程序没有任何规定，这将导致医疗机构当然地将送治主

---

❶ 黄雪涛，刘潇虎，刘佳佳. 中国精神病收治制度法律分析报告 [R]. 深圳衡平机构，2010：10-17.
❷ 陈楠楠，冯玉芝. 论对精神障碍患者的医学保护性住院治疗 [J]. 医学与哲学，2015（1A）：65.

体视为监护人,而监护人能否公正行使前述各项权利与监护人资格有关。因此,监护人任职资格与产生程序的不确定将对强制医疗之患者造成负面影响,甚至侵害其合法权利。

2. 强制医疗患者保护人制度之构建

监护人制度设置的目的应为被监护者利益最大化,在精神障碍患者强制治疗期间辅助其行使权利,履行对他人的义务。因此,为避免监护人与被监护者利益冲突,在立法上有必要对《精神卫生法》中监护人的资格和产生程序作出具体规定。因此可以借鉴我国台湾地区的做法,针对强制医疗之患者构建独立的保护人制度,以更好地保护患者合法权益。

(1)保护人的资格。

保护人的前提条件需具备完全民事行为能力。保护人可以在监护人的范围内产生,但不局限于监护人。最重要的是,保护人与患者不存在利益冲突。

(2)保护人的产生程序。

保护人的产生程序是患者利益的重要保障。笔者认为医疗机构收治的患者经诊断确需住院治疗时,应首先通知其他近亲属,由其互推保护人。

若近亲属不能在规定的时间内产生保护人,医疗机构应将其相关情况记载在册,通知患者户籍所在地居民委员会,由其组织相关人员推荐保护人。户籍所在地不明时,由医疗机构所在地的县级(区)人民政府履行保护人职责。当然,医疗机构在履行上述行为时,应听取患者的意见。

(3) 保护人的义务。

保护人的义务主要包括以下两点。

第一，协助患者就医的义务。保护人应当协助行为不便之患者就医，在医务人员为患者诊治时提供必要的帮助。第二，除为患者之利益，不得私自处置患者名下动产和不动产以及其他财产。

(4) 保护人的权利。

保护人在履行义务的同时，还享有以下主要权利。

第一，知情同意权。医务人员应及时告知患者治疗之情况，如诊断结论、诊断方法、不良反应等。医务人员采取医疗措施时应及时获得保护人之同意。

第二，诉权。保护人如认为医疗机构侵犯患者合法权益，可以根据法律规定享有原告资格，向法院提起诉讼。

# 第四章 医师告知义务

美国医疗法上的告知义务是指医师有法律上的义务，得以了解病人的语言，主动告知病人病情、治疗方案、治疗风险、利益以及不治疗的后果，以便于病人做出选择。因此，患者享有知情同意权而医师承担告知、说明义务。在美国，1957年的"萨尔戈诉小利兰·斯坦福大学董事会案"（Salgo v. Leland Stanford Jr. University Board of Trustees）是知情同意原则产生的标志，该案法院关注的是患者的"知情权"而不仅仅是此前案例所强调的"同意权"，首次创造了"知情同意"一词。[1] 该判决指出"如果医师隐瞒了一些有利于患者做出明智选择的事实，那么该医师违反了对患者的义务，将承担法律责任"。[2]

我国《民法典》第1219条第1款规定："医务人员在诊疗活动中应当向患者说明病情和医疗措施。需要实施手术、特殊检查、特殊治疗的，医务人员应当及时向患者具体说明医疗风险、替代医疗方案等情况，并取得其明确同意；不能或者不宜向患者说明的，应当向患者的近亲属说明，并取得其明确同意。"该条是对医师告知义务和患者

---

[1] 刘月树. 知情同意原则的起源与发展 [J]. 医学与哲学，2012（5A）：17-19.

[2] Salgo v. Leland Stanford Jr. University Board of Trustees, 317 P. 2d 170.

知情同意权的规定。但与美国法不同的是，该条将告知义务的主体确定为医务人员（不限于医师），将告知义务的对象扩大到近亲属，❶并将知情同意权的损害赔偿请求权规定在侵权法中，统一了对其损害赔偿请求权基础的争论。本章的目的在于厘清告知义务的类型，并结合具体案例阐述其与举证责任的关系。

## 一、医师告知义务的类型

根据《民法典》第1219条并结合北大法宝联想案例，可以将告知义务分为以下几种类型。

### （一）为取得患者同意接受治疗的告知义务

此一告知义务的内容包括患者病情、治疗方案、替代治疗方式、治疗的副作用、并发症、治疗风险等。在司法实践中，手术目的、疗效以及治疗期间等也可以称为告知义务的内容，如在"石某某诉中国人民解放军某军医大学某附属医院医疗损害责任纠纷案"中，法院认为"被告在对原告石某某实施手术前未就手术目的、疗效以及矫正严重畸形往往需要多次手术才能达到目的等事项与原告进行详尽的沟通，存在告知不够详尽之过错……该过错导致原告丧失了在全面掌握上述信息的前提下自主选择是否接受手术治疗的机会，侵犯了原告的知情同意权……"

患者只有在了解上述内容后才能作出是否接受治疗的意思表示，其本质是医疗提供者为取得患者对于接受治疗表示有效同意前之告知义务，是患者行使知情同意权、选

---

❶ 根据《精神卫生法》第39条规定，告知义务主体还包括医疗机构。

择权的前提。该告知义务直接关系患者自主决定权、医疗行为合法性等问题,因此其为最重要的告知义务。

### (二)疗养方法指示、指导的告知义务

医师对于患者指示与指导疗养方法等所为之说明,其性质多属于"医嘱"类说明,也多属于医疗给付中需要患者协力完成之指导。如药物的正确服用方法、禁忌、冲突药物之避免、伤口出院后的自我照顾、居家使用医材的正确用法等。该告知义务的目的在于使患者了解疗养的方法、确保医疗的效果以及防止与回避危险的发生。就医疗给付的侵袭本质而言,此种说明义务可减轻医疗给付的负面危险。❶

此一告知义务并未为《民法典》所明文规定,但是可以从该法第1219条的"医疗措施"这一含义中得到解释。该项告知义务履行存在瑕疵,给患者造成损害的需要承担损害赔偿责任。在"陈某某与益阳市某某中医医院医疗损害责任纠纷上诉案"中,法院认为,"益阳某医院在对陈某某的病历资料中无详细的术后功能恢复锻炼指导,导致陈某某在出院后对其左中指未及时进行锻炼,益阳某医院对患者未尽客观上的注意义务,存在告知不详的过失……益阳某医院对陈某某左中指致残承担15%的次要责任"。

### (三)转医告知义务

《民法典》第1219条规定,医务人员应当向患者说明病情和医疗措施。但是其囿于客观条件的限制,无法说明

---

❶ 吴志正.解读医病关系(二)[M].台北:元照出版公司,2006:12-13.

病情或不能确诊时，即产生转医告知义务。转医告知义务是指医院、诊所因受限于人员、设备及专长、能力等原因，不能确定病人的病因或不能提供完整治疗时，应据实说明并建议转诊。就医师的注意义务层次而言，此属于舍弃为危险行为的"结果回避义务"形态，就医疗给付的侵权本质而言，此种说明行为可降低病患风险。❶

该义务已为法院判决所承认。在"张某诉石门县中医院医疗损害责任纠纷案"中，法院认为："原告张某首次到被告石门县中医院住院期间，在该院现有的医疗条件不能确诊原告患肺癌的情况下，应坚持转上级医院进行确诊，由于被告石门县中医院没有坚持要求原告转上级医院诊治和病理学检查，因此被告石门县中医院对原告张某疾病的诊断存在漏诊。由于被告漏诊，延缓了原告张某对自身疾病的治疗，使本来只需切除左侧肺叶或肺段的手术，最终导致左侧全肺切除。"最后法院确定被告承担20%的损害赔偿责任。

（四）单纯告知义务

单纯告知义务是指应向病人或其家属告知病情、治疗方法以及可能之不良反应等，而以未如实、及时、详尽地告知病情引起的纠纷为主。在"余丙等与上海市肺科医院医疗损害责任纠纷上诉案"中，法院认为："上海市肺科医院向患者家属告知病情不规范，表述过于简要，病危告知不详尽，使患者家属未能及时对患者病情有清楚的认

---

❶ 吴志正. 解读医病关系（二）[M]. 台北：元照出版公司，2006：12-13.

知，侵害了患者及其家属的知情权，上海市肺科医院理应承担相应的赔偿责任。"

## 二、告知义务的主体、对象和内容

### （一）告知义务的主体、对象

#### 1. 美国医师告知义务的主体和对象

从知情同意权的发展背景[1]可以看出，这个法则的目的是修补日间疏离的医病关系，尊重患者主体性，打破医疗父权主义。因此告知义务的主体当然是医师，不可交由护士或者医疗助手来进行。医师说明病情、评估可能的治疗方式、分析各个治疗方案可能的利弊得失，回答患者的提问。在这个过程中，医师也通过和病人的沟通，进一步了解病人的理解程度、个人偏好、价值观、担忧，斟酌增修其告知的信息内容。因此告知不只是一项艺术，还是一项专门的学问，必须由医师亲自为之，护士或者其他医师助理可以同辅佐，但是不能取代医师。

此外，知情同意的上位概念是维护病人的自主权。[2]因此医师告知的对象仅限于病人，没有义务向病人以外的第三人进行告知。更甚者，医师对病人的医疗信息有保密义务，非经病人允许或有法律明确规定，也不可以向病人以外的第三人告知。

---

[1] 刘月树. 知情同意原则的起源与发展 [J]. 医学与哲学，2012（5A）：17-19.

[2] 林萍章. 知情同意法则之"见山不是山" [J]. 月旦法学杂志，2008（11）：17-40.

## 2. 中国告知义务的主体和对象

中国规范告知义务的法律有《民法典》《精神卫生法》《执业医师法》。概括起来有以下特点。

（1）告知义务的主体广泛，包括医务人员、医疗机构。《民法典》第1219条将告知义务的主体限定为医务人员；《执业医师法》第26条规定了医师的告知义务，并且规定医师进行实验性临床医疗应当得到医院批准并征得患者本人或者家属同意；《精神卫生法》第43条和第47条将告知义务的主体限定为医疗机构和医务人员。

（2）告知对象，除了患者外还有家属或者监护人。但需要注意的是，《民法典》第1219条将告知义务的对象原则上规定为患者，并取得其明确同意，只是在"不能或者不宜向患者说明时"，才能向患者的近亲属说明，并取得其明确同意。而该特殊情况由医务人员承担举证责任，否则构成"未取得患者同意而实施医疗行为"。在"张某诉安阳市第二人民医院案"中，法院认为，被告在取得患者丈夫而非本人同意的情况下，将其女性性器官（卵巢、输卵管）切除，存在过错，属于告知义务欠完善。反观《执业医师法》第26条，告知义务的对象为患者或者家属，二者没有先后顺序的规定。从字面上看，医师可以选择对象来履行告知义务，也可以在患者本人或其家属之间选择性地获得同意。

从上述介绍可知，我国告知义务主体和对象与美国存在较大的差别。前者更多地着眼于"医疗父权主义"，强调家庭的作用，而后者着眼于个人自由权，强调"病人自主权"。

## （二）告知的内容

医师告知的内容与范围是告知义务中较难确定的问题。医师告知义务的标准何在？哪些医疗信息应该告知病人？一方面，病人希望得到足够的信息，以作出合乎个人价值和人生目标的医疗决定；另一方面，医师及家属不希望患者被过度琐碎的信息所困扰，被过度遥远的风险所惊吓，以至于损及其整体的身心健康。毋庸置疑，医师完完整整地将所有信息告知患者，这非但无助于病人了解病情作出抉择，反而会增加病人的困扰和担忧。有鉴于现代医疗的复杂性、专业性、不确定性，法院在决定医师告知义务的标准与范围时，常常陷入左右为难的境地。

### 1. 告知的方式

《民法典》并未对告知义务履行的方式作出具体规定。但是为了让病人得以理解医疗程序的本质及结果，医师当然应该以病人得以理解的语言来说明和解释。医学是一门高深的专业，医护人员之间以专业术语彼此沟通，故医师往往以"反正说了你也听不懂"而排斥履行告知义务，或者以一些高深的术语来搪塞病人。[1] 如在"陆某某诉某医院案"中，法院认为术前"格式化谈话"内容解释不够详尽，使"患者及其家属只能对并发症的发生只存在于概念性理解，对可能发生的并发症的演进过程，无从认知"。告知义务履行的目的在于帮助患者了解病情和医疗措施以及手术风险，因此医方应从患者的最大利益和尊重患方主体性出发，利用患者可以理解的语言，与患方进行沟通，

---

[1] Medeiros v. James Yashar, 588 A. 2d 1038（R. I. 1991）.

摆脱"反正说了你也听不懂"的优势思维惯性。

司法实践中的案例显示,医疗机构或者医师一般并不能以签署"知情同意书"主张完成告知义务而免责。在"黎某诉温州市某某人民医院案"中,法院认为"原告虽在手术知情同意书捺印,但该行为并不表明被告的医师已让原告充分了解手术的内容、风险及其他可以替代的治疗方案等情况,原告在庭审中陈述其对该同意书的具体内容并不清楚并在手术过程中对医师所采取的措施提出过异议,但被告没有提供有效证据予以反驳……可以认定被告对原告手术前的相关内容的告知不充分"。该判决显示,有关告知义务的举证责任由医师承担,患者只需对证据提出异议即可,在告知义务履行存疑时,法院应作出有利于患方的判决。

2. 告知义务履行的标准

(1) 美国告知义务履行的标准。

医师告知的标准问题,美国法上发展出两派不同的见解:理性医师标准及理性病人标准。理性医师标准是将说明义务的范围、内容交由医疗专业者判断。哪些事项应告知病人应视医疗专业者的医疗惯行(customary practices)而定。正如美国堪萨斯州最高法院所认为的那样,"医生对患者的告知义务局限于一个理性的开业医生在相同或类似情况下都会告知病人的信息。……医师有关何种风险应该披露的决定取决于医学判断"。[1]

而理性病人标准则主张,告知的范围、程度应由"一

---

[1] Natanson v. Kline, 350 P. 2d 1093, 1106 (Kan. 1960).

般理性的病人，在系争个案的情况下，都会想要知道的信息"为准。美国现在大部分的州采纳的还是"理性医师标准"。❶ 理性病人标准于1972年被提出，法院判决认为，"患者的自我决定权构成了告知义务的边界。只有在患者拥有能促使作出明智选择的足够信息时，此一权利才能被有效行使。医师与患者沟通的范围必须用患者的需求来衡量，而这些需求是对作出决定起关键作用的信息。……任何影响决定的潜在风险都必须予以披露"。❷

（2）我国告知义务履行的标准——重要信息标准。

与美国不同，我国知情同意权的主体除了患者本人以外，还包括其近亲属或监护人，因此理性病人标准并不符合告知义务履行的标准。

从上述案例来看，判断医师是否完成《民法典》第1219条规定的告知义务的标准，主要看该信息对患者或者其近亲属是否属于重要信息，如影响作出是否接受治疗的手术方案、替代性治疗措施、手术风险等；后续治疗措施及需要注意的事项、康复计划等；患者病情（包括病危）等信息。这些信息对患者或者家属来说具有重要意义。

3. 告知义务的内容

医师提出的说明内容必须以符合医疗常规、伦理与适应证为首要前提，并且不得有悖于法律规定与公序良俗原则，其主要包括以下几种。

---

❶ 杨秀仪. 美国"告知后同意"法则之考察分析［J］. 月旦法学杂志，2005（6）：138-152.

❷ Canterbury v. Spence, 464 F. 2d 772 (D. C. Cir. 1972).

（1）现有科技水平下医疗给付内容的告知义务。

现有科技水平下医疗给付内容的告知义务是指医师根据当下科技水平，对各种诊疗之适应证、必要性、方式、范围、预估成功率、可能的副作用和发生概率，对副作用可能的处理方式和其危险、其他替代性的治疗方式和其危险以及预后状况、药物或仪器的危险与副作用等作出解释。由于科技有限性，均有其客观的内容，解释上较为简单。此一说明义务的目的在于，使患者在了解其病症相对应的医疗给付在当代医疗科技下的水准后（医疗提供者已尽到医疗上之必要注意，但是囿于科技水平等当下客观条件的限制所能达到的医疗水准），结合医疗提供者当下所能提供之医疗水准作比较后，行使其无瑕疵的同意权。

治愈率或成功率的告知义务。依当代人工生殖科技水准，"试管婴儿"胚胎移植每次植入怀孕的成功率是20%~40%，但是某不孕不育症中心的当下成功率只能达到15%~20%。据此，在面对患者时，应同时告知患者当代的受孕水准和该中心所能提供的受孕成功率。在"张某某等诉垫江某单位医疗损害责任纠纷案"中，法院认为，"被告……对患者预后认识不足，未能根据本院医疗设备及诊疗水平将可能承担的治疗风险明确告知患方并建议转上级医院检查治疗，存在告知义务不完善的不足，对张某某的死亡仅起诱发或促进作用"。基于医疗水准的差异，医师负有转医告知义务。

医师还应根据现有医疗水平如实告知患者治疗方案的风险。但是遥远的风险则不必说明。何为"遥远的风险"？应视该风险实现后果的严重程度而定。在美国，有5%的

复发率，这个风险可以不必告知，但是有 1% 的瘫痪率或者更低的死亡率的风险也要告知。❶

并发症是医疗风险中常见的类型。并发症是指由于原发疾病的发生发展或诊疗行为的介入，使患者的机体在原发疾病的基础上遭受的新的损伤。并发症产生的前提条件是原发疾病的存在。常见的情形如原发疾病自然发展引起的并发症；因机体抗病能力减退，易受另一致病因素侵袭而引起的并发症；社会、生活环境、心理、精神等不良因素引起的并发症；以及诊疗行为造成的并发症等。❷副作用是指现有现代科技水平下，医疗给付产生的除希望的疗效外，另外造成的效果。

在"吴某与温州某医院医疗损害责任纠纷上诉案"中，法院认为，"如实告知患者术后并发症的医疗风险是医疗机构的法定义务。干眼症状的总体发生率高达 30%～40%，温州某医院凭其医疗专业技术水平，应当知道该医疗风险充分告知与否，会影响患者对手术的选择。如果告知该医疗风险，患者有可能选择放弃 LASIK 手术。温州某医院没有充分告知术后并发症的医疗风险，侵害了患者的知情权和手术选择权，是患者发生损害后果不可缺少的条件"。在"薛某某诉中国人民解放军第一六三医院医疗损害责任纠纷案"中，法院认为，"……未将需终身服用抗凝药物的后果充分告知原告，侵犯了原告的知情同意权……"上述案例中的医疗风险关系到患者是否选择接受

---

❶ Barry R. Furrow, Sandar H. Johnson, Timothy S. Jost, & Robert L. Schwartz. Health Law: Cases Materials and Problems. West Publishing Co. 1987: 338.
❷ 向歆，刘蔚. 并发症内涵刍议 [J]. 医学与哲学，2012 (5B): 1-3.

治疗的决定，医师未履行该项告知义务，侵犯患者知情权和选择权。

（2）医师与患者利益冲突告知义务。

美国加利福尼亚州最高法院于 1990 年在"穆尔诉加州大学董事会"❶ 一案中将医师正在进行的可能与病人的治疗有潜在利益冲突的研究计划也纳入告知义务的范围，认为医师对因医疗适应证接受脾脏切除的病患，未告知将取其脾脏细胞培养细胞株研发专利一事，属于医师对医患间利益冲突事项未善尽说明义务存在过失。这是医师对患者忠诚义务的要求。因为患者的需求构成了对医师披露义务的界限。

将病情告知患者本人及其家属也属于告知义务的重要内容。需要注意的是，《民法典》并未明确规定医务人员应及时、准确地将患者病情告知患者家属，而是由司法实践中法院判决所确定的，如上述"余某等与上海市肺科医院医疗损害责任纠纷上诉案"。

4. 告知义务的目的

帮助患者作出选择是其最重要的目的。知情同意法则依据的是病人自主权或自我决定权，所以告知患者本人医疗措施、风险、并发症、替代性治疗措施等信息的目的并非只是获得患者的同意，而是在于帮助患者作出合乎其生活形态与价值观的选择。不管当代医疗如何进步，每一个医疗行为总是涉及一定的风险，是否要承受这些风险，要由病人自己决定。

---

❶ Moore, v. The Regents of University of California 51 Cal. 3d 120, 793 P. 2d 479, 271 Cal. Rptr. 146.

让患者及其家属及时、准确地掌握其病情是告知义务的另外一个重要目的，这已为法院判决所确定。

## 三、美国医师违反告知义务的责任形态与举证责任

在美国，对违反告知义务，侵犯患者知情同意权的责任形态大致有两种：当医疗行为完全没有得到病人同意或者违反病人明示的意思时，构成故意侵害行为；医疗行为虽有得到病人的同意，但是该同意却是没有充分告知下的同意，这构成过失侵害行为。❶

### （一）故意侵权行为及举证责任

为了保护个人身体的完整性，任何未经当事人同意的碰触构成英美侵权行为法上的一项诉因：故意侵害行为。在1914年的"舒伦多夫诉纽约医院案"❷中，患者仅同意进行一项外科手术的检查，但是病人在麻醉后，被告医生在未经原告同意的情况下为其切除了检查中所发现的纤维瘤，之后病人发生了手术后的并发症，最后导致切除了数根手指。大法官卡多佐写下了一段关于病人自主权的经典名言："每一个心智健全的成年人都有权决定其身体要接受何种处置。外科医生未经病人同意而对其实施手术构成了故意侵害行为，对此其需承担赔偿责任。"

在1972年的一起案件中，法院认为"医生获得患者同意实施 A 种方法的治疗，但是结果其却实施了另一种与 A 方法不同的治疗，而该治疗方式并未得到同意，这是很

---

❶ Scott v. Bradford 606 P. 2d 554, 557 (Okla. 1979).

❷ Schloendorff v. Society of New York Hospital 211 N. Y. 125, 105 N. E. 92 (1914).

明显的故意侵害行为"。❶ 因此，病人明确表示要用自己家属的血，但是医院却违反其意愿，以医院的库存血为病人输血，结果病人因为此一输血而感染艾滋病；❷ 或者是病人虽然同意手术，但是医师手术的部位与病人同意的范围不一致；病人明确指定医师，却是由其他医师操刀；或者病人已经明示反对，医师仍继续进行该项医疗行为；这些都构成故意侵害行为。值得注意的是，除非符合紧急例外的规定，否则就算医疗行为已经取得病人配偶或家属的同意，只要没有病人本人的同意就构成故意侵害行为。❸

在以"故意侵害行为"来主张损害赔偿诉讼中，主要的问题是患者对医师实施的医疗行为是否表示同意，与医师是否违反医疗规范和对患者的照顾无关。因此，患者无须就有关被告医师实施医疗行为的质量提交专家证词，医师也得以所实施的医疗措施符合医疗规范或者有利于患者来抗辩。患者需要举证证明：（1）医疗行为涉及身体上的接触；（2）该碰触并未得到病人的同意。病人既无须实际受到损害，也无须证明医师未获同意的行为是其遭受损害的直接原因（proximate cause）；❹（3）提供专家证词证明医师的治疗措施与其同意的治疗措施有本质不同，以此证

---

❶ Ashcraft v. King 228 Cal. App. 3d 604, 278 Cal. Rptr. 900 (1972).
❷ Cobbs v. Grant. 8 Cal. 3d 229, 502 P. 2d 1, 104 Cal. Rptr. 505 (1991).
❸ Lounsbury v. Capel, 836 P. 2D 188 (Utah App. 1992).
❹ Inderbitzen v. Lane Hospital, 12 P. 2D 744 (Cal. App. 1932).

明医师故意忽视患者的权利。❶

因"故意侵害行为"引起的赔偿范围，不限于医师违法行为造成的损害。如果患者并未遭受损害，受害人也可以请求象征性的损害赔偿和惩罚性损害赔偿。❷

## （二）过失侵权行为与举证责任

1960年美国堪萨斯州最高法院在"那塔森诉克兰案"❸中第一次将"未能告知风险或替代性医疗措施"归结为过失侵权行为而非故意侵害行为。该案中原告主张医师过失执行放射治疗，且过失为警告放射治疗可能有的潜在伤害。法院判决将未经同意实施治疗的案件与传统的故意侵害行为的案件区别开来，理由是医师行为的善意，而任何对患者的侵权损害均不是故意的，但在故意侵害案件中，侵权行为人的行为一般均是基于恶意、有目的的，也不会带给对方当事人一定的利益。基于医患关系的忠诚属性和患者的自主权，法院认为，在未出现紧急情况或告知治疗风险不利于其病情时，医师必须告知患者指定的治疗方案的性质或可能的结果以及患者能理解的风险，医师未履行该项告知义务，患者的同意并不构成告知后同意。

除了医师行为的善意是采纳过失侵权的原因外，还有其他的一些考虑。故意侵权是未经患者同意有目的地接触他人身体。当患者诉称医师未履行风险告知义务时，医师

---

❶ Cobbs v. Grant. 8 Cal. 3d 229, 502 P. 2d 1, 104 Cal. Rptr. 505 (1991).

❷ Butler v. Molinski 198 Tenn. 124 131, 277 S. W. 2d 448, 451 (1955).

❸ Natanson v. Kline, 350 P. 2d 1093, 1106 (Kan. 1960).

接触他人身体是获得患者同意的,不能构成故意侵害;相反,其只是未能告知患者此种治疗的一些附带信息,即与治疗相关的风险。另外的考虑是,医师过失责任保险不能涵盖犯罪行为的赔偿责任,故意侵害可以认为是犯罪行为。除此之外,成功的故意侵害之诉可以使患者获得惩罚性赔偿。作为一种政策,医师未能告知患者治疗风险只承担实际的损害赔偿责任。[1]

在过失侵权案件中,患者需要举证证明以下几点。

(1) 医病关系存在,即患者就医的事实以及医师承担的告知义务。

(2) 医师怠于履行告知义务。早在1959年美国特拉华州最高法院认为,医师是否应当告知患者医疗程序中潜在的风险是一个医学问题,非职业法官与陪审员对此无法作出决定。在"那塔森诉克兰案"之前,不止一个上诉法院的记录显示,在有关医学问题上,专家证据发挥了实质性意义。在"萨尔戈诉小利兰·斯坦福大学董事会案"和"那塔森诉克兰案"的判决意见暗含的认识到专家证据的重要性,但是这两个案件都没有明确表示需要专家证据。在1961年的一个案件,特拉华州最高法院接受了这一原则。被告的辩护人引进了专家证据,并且肯定地说,在威名顿地区,警告患者切除甲状腺导致喉返神经损伤的可能性不是外科医生的义务。据此,特拉华州最高法院认为,根据上述无可争议的证据,警告原告其可能受到的损害不

---

[1] Trogun v. Fruchtman, 58 Wis. 2d 596, 600, 207 N. W. 2d 297, 313 (1973).

是被告的义务。❶ 在审查医师是否怠于告知义务中，专家证据具有重要作用。

（3）若被告知医疗措施中潜在的风险，其便不会同意该项医疗行为。如果原告一直都知道风险，那么医师未能履行告知义务与损害之间没有因果关系。❷

如上所述，故意和过失侵权损害赔偿之诉，除了在举证责任方面存在较大区别外，在保护客体方面也存在差异。以故意侵害为诉因的诉讼，不法行为是未得同意的碰触（作为），保护的客体是身体的完整性，所以适用在侵入性医疗行为上（如手术及一些侵入性的检验）；而以过失侵害为诉因的诉讼，不法行为是未告知（不作为），保护的客体是病人的自主决定权，不限于侵入性的医疗行为，任何医疗行为都应该取得病人同意后实施，保护的范围比较大。❸

## 四、中国侵犯知情同意权的类型

### （一）侵犯知情同意权的类型

《民法典》第1219条第2款规定，医务人员未尽到前款义务（告知义务、获得患者同意），造成患者损害的，医疗机构应当承担赔偿责任。该条规定了医师侵犯患者知情同意权，请求损害赔偿的构成要件：（1）怠于履行告知义务；（2）患者受到损害；（3）怠于履行告知义务与损害之间存在因果关系。以下主要对怠于履行告知义务这一

---

❶❷❸ Marcus L. Plante. *An Analysis Of "informed consent"* [J]. Fordham Law Review, 1968（36）：639-672.

行为结合司法案例作一阐述，并简要分析其中的举证责任的分配。根据现有掌握的案例，可以将"怠于履行告知义务"分为以下三种类型。

1. 未获得患者同意而实施医疗行为

《民法典》第1219条第1款规定"需要实施手术、特殊检查、特殊治疗的"，在事前需要得到患者的明确同意，特殊情况下应该取得患者近亲属的书面同意。未取得患者同意而实施上述治疗措施，属于侵权行为。

（1）未取得患者同意而实施侵入性治疗。

未取得患者同意而实施侵入性治疗，是指医师未取得患者同意，也未告知患者治疗的风险和替代性措施等问题，直接根据自己的意思，对其实施侵入性治疗。在"原告崔某某与被告王某某医疗损害责任纠纷案"中，法院认为，被告在未告诉原告具体修补方案的情况下，将原告要求修补的缺损牙相邻的一颗健康门牙截短一截，给原告造成一定的损害，被告应当承担赔偿责任。法院判决修补费用5000元，并进一步认为，"由于成年人牙齿无法再生，被截短的牙齿导致原告在仪容、美观、人际交往等生活方面造成一定影响，因而给原告的精神造成损害……"酌定精神赔偿5000元。

（2）未获得患者同意擅自更改手术方式，扩大手术范围。

治疗方案是告知义务的重要内容，也是患者行使同意权的前提。在通常情况下，治疗方案不得擅自变更。治疗过程中变更治疗方案使先前的告知义务和患者同意归于无效，即医师需要重新履行告知义务和取得患者同意。在

"李某诉厦门长庚医院案"中,手术中被告医师将手术方式变更为"外剥内扎术,环形切除一周",未告知原告或其家属,且手术切除范围过大;术后对原告出现的肛门狭窄并发症,未及时采取有效的治疗措施。故此认定被告存在过错。该案中医师违反告知义务,存在过错。

(3) 冒用患者签名而实施手术。

姓名权系使用自己姓名的权利,人的姓名旨在区别本人与他人,彰显个别性及同一性,并具有定分止争的秩序规范功能。❶ 冒用他人在知情同意书签名构成侵犯他人姓名权,同时也构成对他人知情同意权的侵犯。因此伪造知情同意书签名可以推定为医师的医疗行为未获得患者同意而实施。因此"在王某某诉汝州市寄料镇卫生院医疗损害赔偿纠纷案"中,法院认为,"被告提供的手术同意书中有关切除子宫的内容是另行手写,被告也无其他证据证实已向原告及时充分地说明了该项手术的风险和医疗替代方案等情况,并且在被告为原告实施子宫全切术是依法也应取得原告的书面同意,经本院委托鉴定,同意子宫切除部分不是原告签名……综上,因被告在为原告诊疗过程中存在过失,由此对原告造成损害被告应当承担赔偿责任"。

(4) 行使同意权的主体错误。

患者的自主性是知情同意权保护的对象。因此,在通常情况下,行使知情同意权的只能是患者本人,医师只有在获得患者本人同意的情况下才能实施"手术、特殊检查、特殊治疗"。但是在特殊情况下,可以向患者的近亲

---

❶ 王泽鉴. 侵权行为 [M]. 北京:北京大学出版社,2009:119.

属说明，并取得其书面同意。《民法典》对"特殊情况"没有明确规定，一般可包括紧急情况，无法获得患者同意的或者患者处于昏迷状态等。如上述"张某诉安阳市第二人民医院案"，法院认为，医师未获得本人同意而将其女性性器官切除，侵犯其知情同意权，造成人身损害，医师存在过错。

2. 告知义务履行存在瑕疵，侵犯患者自主权

《民法典》第1219条明确规定了告知义务的内容包括患者病情和医疗措施、医疗风险以及替代性医疗方案等。如上所述，司法实践中还将术后注意事项、转医告知义务等纳入第1219条知情权同意权的范畴。患者自主权是指患者根据其本人意志决定是否接受治疗的权利，但是由于其本人知识的有限性，因此需要医师为其提供足够的医疗信息以帮助其作出一个明智的决定，此处体现了告知义务的重要性，也显示了告知义务的目的。

告知义务履行瑕疵存在的前提是医师获得患者的同意，但是由于其告知方式或内容上存在瑕疵，导致患者或者其家属未能真正理解患者病情、医疗风险、疗养方法等，从而侵害了患者的选择权。

结合司法实践中的案例，告知义务瑕疵包括以下几种情形。

（1）告知的方式存在瑕疵。

告知义务的目的在于帮助患者做出决定，为此医师应以患者能理解的语言和方式履行告知义务，而不能充斥专业词汇，导致患者无法理解医疗措施、医疗风险等。如上述的"陆某某诉某医院案"。

（2）医疗风险告知不充分。

医疗风险告知不充分可以分为以下两种情形。

第一是医师未告知患者医疗风险。

未告知患者医疗风险是侵犯知情同意权较为常见的类型。医疗风险包括并发症、副作用等。如上面提到的"吴某与温州某医院医疗损害责任纠纷上诉案"。

第二是医疗风险等内容告知不够详尽。

患者自主决定权行使的前提是获得足够的医疗信息。如果医师有选择地或者遗漏告知医疗信息，结果将导致患者在信息不对称的情形下做出决定，这都将损害患者的自主权。此类型又可分为以下两类。

①告知不够详尽，导致患者丧失了在全面掌握医疗信息的前提下自主选择是否接受手术的权利，侵犯患者的知情同意权。如果经鉴定上述过错与患者的医疗损害之间没有因果关系，此时法院一般会判决赔偿精神损害。如上述"石某某诉中国人民解放军某某军医大学某某附属医院医疗损害责任纠纷案"和"罗某诉某某医疗损害赔偿纠纷案"。

②告知不够详尽，导致患者丧失在两种（或两种以上）医疗方案中选择的权利，此时医疗机构承担的责任重于前一种。在通常情况下，医疗风险是任何医疗措施都会存在的，患者在面临是否接受医疗措施时，都会听取医师的建议接受医疗；但在面临两种措施可供选择时，患者的意见将会因人而异，医师无法代替患者做出决定，因此前者责任重于后者。如在"上诉人亢某某与被上诉人灵宝市第一人民医院医疗损害责任纠纷案"中，法院认为"由于

灵宝市第一人民医院对亢某某履行告知义务的过程中未充分告知疾病在术后诊断的可能性，及在术后报告病理结果后未详细解释慢性胆囊炎的治疗需要，导致亢某某丧失了手术治疗还是药物保守治疗的选择权，致使亢某某的胆囊被直接切除……医院存在过错，应承担全额赔偿责任。亢某某要求灵宝市第一人民医院赔偿其医疗费、误工费、护理费、伙食补助费、营养费、精神损害抚慰金的合理部分的诉求，应予以支持"。

3. 侵犯患者或其家属知情权

《民法典》第1219条规定了医师告知义务履行的对象是患者本人，但在特殊情况下（不宜告知患者的）近亲属也可以成为告知义务的对象，然而《民法典》并没有对此进行进一步的解释。

在上述"余丙等与上海市肺科医院医疗损害责任纠纷上诉案"中，法院认为，"鉴定结论虽确认诊疗行为符合医疗原则，但据住院病史记载……被告向患者家属告知病情不规范，表述过于简要，病危告知不详尽，使患者家属未能及时对患者病情有清楚的认知，侵害了患者及其家属的知情权，被告理应承担相应的赔偿责任"。

根据《民法典》第1219条的规定，结合此案，需要提出的问题是：（1）该判决家属知情权的依据何在？（2）法院将侵犯患者及其家属的知情权视为承担赔偿责任的原因，而这与第1219条规定的"医务人员未尽到前款义务，造成患者损害的，医疗机构应当承担赔偿责任"不尽一致。那么法院判决赔偿的法律依据是什么？对此法院需要作出进一步说明。

## (二) 侵犯知情同意权的责任形态及举证责任

### 1. 侵犯知情同意权的责任形态——故意还是过失

侵犯知情同意权的责任形态的是过失而非故意。在上述"张某某诉安阳市第二人民医院医疗损害责任纠纷案"中，法院认为医师并未获得患者同意而将患者"女性性器官切除"构成医疗过失。如果将其认定为故意，则医师的行为将构成故意伤害罪，而法院也确实未按照刑事案件处理，因此我们有理由认为医师未获得患者同意而实施的医疗行为抑或告知义务存在瑕疵，由此对给患者或者患者家属造成的损害结果均持过失态度，但医师对其未履行或未充分履行告知义务可能是故意的，这与刑法中某些犯罪主观方面的两层结构有类似性。

法院之所以将上述责任状态认定为过失，也考虑了医疗行为的善意性。

### 2. 举证责任

举证责任可以分为主观举证责任和客观举证责任。主观举证责任是指在无当事人申请调查证据时，法院是否仍然应就待证事实为证据调查问题。如果由当事人掌握事实资料的收集，则不仅要求有当事人必须对判决之重要事实为主张，而且对待证事实必须表明证据方法，申请调查证据以支持其主张；而客观举证责任是指涉及当事实的过程无法重建时，应如何为裁判的问题。❶ 此时法院之裁判，只能为原告与被告败诉之选择，而并无其他选择。面对此

---

❶ 吴东都. 行政诉讼举证责任理论与判决之研究 [M]. 台湾地区司法管理机构印行, 2002：5-6.

一败诉结局，哪方当事人应承担败诉责任，成为法官面临的问题。此为客观举证责任需要解决的问题。法官需要根据法律规定决定客观举证责任的分配。举证责任的分配标准代表性学说有罗森贝克的"法律规范说"，新近发展的学说有"危险领域说""盖然性说""损害归属说"等。❶

在侵害知情同意权纠纷中，法院的判决显示，一般由医师、医疗机构承担告知义务履行的举证责任。在上述"肖某某与南华大学附属南华医院医疗损害赔偿纠纷上诉案"中，法院认为，"南华医院未提供证据证实该院已履行了告知义务，因此，本院认为南华医院侵犯了肖某某的知情同意权"。在"李某某诉上海某医院有限公司侵害患者知情同意权责任纠纷案"中，法院认为，"现被告未能举证证明已履行了告知义务，直接使用安装烤瓷牙冠的修复方法侵犯了原告的知情权，理应承担相应的赔偿责任"。还有如上述的"黎某诉温州市某某人民医院侵害患者知情同意权责任纠纷案"。法院的判决显示，如果医师不能举证证明其已履行了告知义务，其将承担举证不能的后果，即侵犯患者的知情同意权。

告知义务由医师承担举证责任的理由在于：第一，患者无法窥知加害人控制下的危险领域内所发生事件的经过，而通常处于无证据的状态，患者对告知义务未充分履行这一消极事实举证较为困难；第二，医师对自己控制下之领域内所发生的侵权行为（告知义务这一不作为行为），较容易了解其实情，对于有关证据较为接近；第三，

---

❶ 陈荣宗."举证责任与民事诉讼法"[M].台北：三民书局，1980：1-98.

民法上有关令当事人负责任之法律规定，其目的为预防损害发生而设，此种目的的达成，必须课以加害人就其危险领域内所发生的实情为举证而免责，始能奏效。❶

3. 原告举证责任承担与司法鉴定

相对于医师承担告知义务的举证责任，对于损害以及因果关系则由患者承担举证责任。但是这一举证过程通常通过司法鉴定完成，因为其中涉及专业问题。我国法院也认识到司法鉴定在医疗诉讼中的重要性。如在"罗某诉某某医疗损害赔偿纠纷案"中，法院认为，"关于被告的医疗行为有无过错，以及医疗过错行为与原告诉求的损害后果有无因果关系，因涉及专门医学知识，需要高度专业化的技术手段和丰富的临床实践，超越普通人的经验、学识，法院根据鉴定机构出具的鉴定意见作为基础，综合全案证据进行分析后加以确定"。

## 五、知情同意书作为书证

《民法典》第1219条规定："医务人员在诊疗活动中应当向患者说明病情和医疗措施。需要实施手术、特殊检查、特殊治疗的，医务人员应当及时向患者具体说明医疗风险、替代医疗方案等情况，并取得其明确同意；不能或者不宜向患者说明的，应当向患者的近亲属说明，并取得其明确同意。医务人员未尽到前款义务，造成患者损害的，医疗机构应当承担赔偿责任。"该条规定了医务人员的告知义务和患者享有的知情同意权，而知情同意书则为

---

❶ 陈荣宗."举证责任与民事诉讼法"[M]. 台北：三民书局，1980：1-98.

前述义务和权利的体现，其在医疗诉讼中具有书证的性质。妥善履行告知义务和及时签订知情同意书对于防范和化解医疗纠纷具有积极意义。

（一）知情同意书的内涵和性质

知情同意书是指医方在施行医疗行为之前充分告知患方相关医疗信息，征得患方同意后与其签订的医疗文书。❶患者本人是知情同意权的主体。在一般情况下，只能由患者本人签署知情同意书。因为知情同意权的上位概念是患者的自主权，❷而这一权利只能属于患者本人。

1. 知情同意书是患者行使知情同意权和医方承担告知义务的结果

美国医疗法上的告知义务是指医师有法律上的义务，得以病人了解的语言，主动告知病人病情、治疗方案、治疗风险和利益以及不治疗的后果，以便于病人作出选择。在美国，1957年的"萨尔戈诉小利兰·斯坦福大学董事会案"是知情同意原则产生的标志，该案法院关注的是患者的"知情权"而不仅仅是此前案例所强调的"同意权"，首次创造了"知情同意"一词。❸该判决指出，"如果医师隐瞒了一些有利于患者作出明智选择的事实，那么该医师违反了对患者的义务，将承担法律责任"。与美国医疗法不同，我国《民法典》第1219条将告知义务的主

---

❶ 艾尔肯，秦永志：论医疗知情同意书［J］. 东方法学，2010（3）：109-115.

❷ 林萍章. 知情同意法则之"见山不是山"［J］. 月旦法学杂志，2008（11）：17-40.

❸ 刘月树. 知情同意原则的起源与发展［J］. 医学与哲学，2012（5A）：17-19.

体确定为医务人员（不限于医师），将告知义务的对象扩大到近亲属。那么作为知情同意书的医方也就不限于医师，患方也不仅限于患者本人，近亲属在法定情况下也可以代为行使知情同意权。

2. 知情同意书属于书证

书证是我国三大诉讼的法定证据种类之一。书证区别于物证最本质的特征在于其以所记载或记录的内容来证明案件的事实，而以何种方式（文字或图表、符号甚至是密码、隐形技术）、何种载体（纸质、木质或其他）来记录并不能改变其本质属性。❶

2010年3月10日，卫生部公布的新版《医疗知情同意书》范本，主要内容分为患者基本信息、疾病介绍及治疗建议、手术潜在风险及对策、特殊风险和主要高危因素、患者知情选择签字和医生陈述签字确认六部分。知情同意书记载的上述内容反映了医师告知义务履行的范围、程度、对象等内容，其将成为法院审查医方是否合理履行告知义务的重要依据，是重要的书证。

3. 知情同意书具有阻却违法行为的效力

为了保护个人身体的完整性，任何未经当事人同意的碰触构成英美侵权行为法上的一项诉因：故意侵害行为（assault and battery）。如前述"舒伦多夫诉纽约医院案"❷中大法官卡多佐写下了一段关于病人自主权的经典名言：

---

❶ 洪冬英. 论书证复制件的证据效力［J］. 政治与法律，2011（6）：147-154.

❷ Schloendorff v. Society of New York Hospital 211 N. Y. 125, 105 N. E. 92 (1914).

"每一个心智健全的成年人都有权决定其身体要接受何种处置。外科医生未经病人同意而对其实施手术构成了故意侵害行为（assault），对此其需承担赔偿责任。"反之，作为患者知情同意权行使的表现——知情同意书，在一定程度上具有证明医疗行为合法性的效力，是医师采取医疗行为的前提，构成违法阻却事由。

### （二）知情同意书与举证责任

民事诉讼中对举证责任的分配通常遵循"谁主张，谁举证"的原则，即由提出权利请求和事实主张的一方承担举证责任，也即一般由原告承担。这里所说的是客观举证责任，即后果责任。[1] 客观举证责任是指当涉及事实的过程无法重建时，应如何为裁判的问题。换言之，诉讼当事人就所主张的事实已经尽其举证之能事，然法院仍然未产生确信时，法院将诉讼不利归于负担客观举证责任之当事人，亦即客观举证责任系在分配事实真伪不明产生之利益。[2] 所以在任何案件中，都可能出现真伪不明之情形，都存在客观举证责任之分配。客观举证责任是举证责任的核心问题。

知情同意书作为医师履行告知义务的重要证据，是医师实施手术、特殊检查等侵入性医疗行为的前提条件。因此，患者是否被告知、医师是否合理履行告知义务的举证责任承担主体，成为知情同意权医疗纠纷的关键。

如前所述，告知义务的举证责任一般由医师承担，具

---

[1] 刘善春. 行政诉讼举证责任规则论纲 [J]. 中国法学，2003 (3): 69.
[2] 吴东都. 行政诉讼举证责任理论与判决之研究 [M]. 台湾地区司法管理机构印行，2002: 6.

体原因在本书有关部分已有论述，在此不再论述。在"肖某某案"中，法院认为"南华医院未提供证据证实该院已履行了告知义务，因此，法院认为南华医院侵犯了肖某某的知情同意权"。在"李某某诉上海某医院有限公司案"中，法院认为，"现被告未能举证证明已履行了告知义务，直接使用安装烤瓷牙冠的修复方法侵犯了原告的知情权，理应承担相应的赔偿责任"。法院的判决显示，如果医疗机构不能举证证明其已履行了告知义务，其将承担举证不能的后果，即侵犯患者的知情同意权。

### （三）知情同意书在医疗诉讼中的运用

知情同意书属于医疗法律文书，是重要书证。法官在审理知情同意权纠纷时，需要依据证据的三性，即客观真实性、关联性和合法性对知情同意书进行审查。如经审查认为知情同意书签名系伪造或代为签署的，则应认定医疗行为未经允许。但是，即使知情同意书具备证据的三性，医师或医疗机构也不能就此证明医疗行为合法和未侵犯患者知情同意权。

1. 告知义务履行的方式和知情同意书

在通常情况下，知情同意书是医师履行告知义务后，患者（近亲属）行使同意权、选择权后，就医疗措施达成一致所签署的协议。由于知情同意书充斥着医疗术语，这就需要医务人员运用患者得以理解的语言，主动告知病人其记载的内容如医疗方案、治疗风险及利益以及不治疗的后果和病情，以便于病人作出选择。由此，医务人员一般不能以签署"知情同意书"主张完成告知义务，还需举证证明运用的语言是否为患者所理解，否则将承担举证不能的后果。

在"黎某诉温州市某某人民医院"案中,法院认为,"原告虽在手术知情同意书捺印,但该行为并不表明被告的医师已让原告充分了解了手术的内容、风险及其他可以替代的治疗方案等情况,原告在庭审中陈述其对该同意书的具体内容并不清楚并在手术过程中对医师所采取的措施提出过异议,但被告没有提供有效证据予以反驳……可以认定被告对原告手术前的相关内容的告知不充分"。又如在"在王某某诉汝州市寄料镇卫生院医疗损害赔偿纠纷案"中,法院认为,被告提供的剖宫产手术同意书,虽有原告签名,但该手术同意书为格式条款,不能证明被告已向原告宣读和原告已自行阅读条款内容,原告又否认在手术前被被告告知有"子宫收缩乏力,切除子宫"的风险,对此应作出对被告不利的解释。

2. 告知义务的对象与知情同意书

告知义务的对象原则上是患者本人,知情同意书由其签署,然而出现"不宜向患者说明的"特殊情况时,医务人员可以向患者近亲属履行告知义务,并由其签署知情同意书。但是"特殊情况"的举证责任由医务人员或医疗机构承担,即由其举证证明患者近亲属签署知情同意书的合法性,若其不能举证证明,则承担举证不能的后果责任。在"张某某诉安阳市第二人民医院医疗损害责任纠纷案"中,法院认为,医师未获得本人同意而将其女性性器官切除,侵犯其知情同意权,造成人身损害。该判决显示,医疗机构提出的证据不能证明其履行告知义务的对象和知情同意书的签字主体符合"不宜向患者说明"的这一特殊情况，就由其承担举证不能的后果责任。

综上所述，法院对知情同意书的审查不仅包括形式的，还将对知情同意书所体现的告知义务的履行进行深入审查，以保护患者利益。

# 参考文献

[1] 俞可平. 权利政治与公益政治 [M]. 北京：社会科学文献出版社，2000.

[2] 翁岳生. 行政法（下）[M]. 北京：中国法制出版社，2000.

[3] 吴志正. 解读医病关系（二）[M]. 台北：元照出版公司，2006.

[4] 王泽鉴. 侵权行为 [M]. 北京：北京大学出版社，2009.

[5] 王丽莎. 成年精神障碍者的行为能力 [J]. 国家检察官学院学报，2018，26（3）.

[6] 关兆曦. 论精神障碍者监护人责任险的构建 [J]. 法学论坛，2018，33（3）.

[7] 郝振江. 论精神障碍患者强制住院的民事司法程序 [J]. 中外法学，2015，27（5）.

[8] 刘瑞爽. 精神障碍患者的非自愿收治标准与密尔伤害原则 [J]. 中国心理卫生杂志，2016（2）.

[9] 陈绍辉. 精神障碍患者约束和隔离措施的法律规制 [J]. 证据科学，2016，24（3）.

[10] 周蔚，肖水源. 国外现行精神卫生政策概述 [J]. 中国心理卫生杂志，2014，28（10）.

[11] 费安玲. 精神障碍患者隐私权探析［J］. 法学论坛, 2014, 29（1）.

[12] 李霞. 论我国"精神卫生法"的称谓［J］. 政法论丛, 2014（3）.

[13] 孙东东, 曾德荣. 精神障碍患者非自愿住院医疗与强制医疗概念之厘清——与陈绍辉博士商榷［J］. 证据科学, 2014, 22（3）.

[14] 叶肖华. 论我国精神障碍者强制收治制度的困境与出路［J］. 社会科学战线, 2014（6）.

[15] 孙海涛, 邢鸿飞. 论对精神障碍者拒绝治疗权的理解与立法应对［J］. 河海大学学报（哲学社会科学版）, 2014, 16（3）.

[16] 贺小军. 论刑事诉讼中精神障碍者的保护［J］. 青海社会科学, 2013（2）.

[17] 王永杰. 新法的冲突与协调——以《精神卫生法》（草案）与新《刑事诉讼法》为例［J］. 国家行政学院学报, 2012（2）.

[18] 刘东亮. "被精神病"事件的预防程序与精神卫生立法［J］. 法商研究, 2011, 28（5）.

[19] 王辉. 我国《精神卫生法（草案）》立法目的刍议［J］. 江西社会科学, 2011, 31（9）.

[20] 黄雪涛, 刘潇虎, 刘佳佳. 中国精神病收治制度法律分析报告［R］. 深圳衡平机构, 2010.

[21] 冉克平. 论人格权法中的人身自由权［J］. 法学, 2012, 58（3）.

[22] 姜明安. 行政强制法的基本原则和行政强制设定权

研究[J]. 法学杂志, 2011, 32 (11).
[23] 戴庆康, 李波. 精神障碍患者非自愿住院医疗法律规制之原则[J]. 医学与哲学, 2013, 34 (4A).
[24] 李莉, 陈俊, 王祖承. 有关自知力的研究[J]. 临床精神医学杂志, 2009 (5).
[25] 郑成畴, 黄航, 林致浮, 等. 精神分裂症患者自知力的临床评价附45例分析[J]. 临床精神医学杂志, 1995 (5).
[26] 张文婷. 对精神病人民事强制住院若干问题的法律思考[J]. 延边大学学报(社会科学版), 2010 (4).
[27] 王婧, 孙东东. 把精神病人送到医院是最大的保障[J]. 中国新闻周刊, 2009 (10).
[28] 张学军, 张镭. 成年监护制度综议[J]. 江海学刊, 2005 (5).
[29] 陈楠楠, 冯玉芝. 论对精神障碍患者的医学保护性住院治疗[J]. 医学与哲学, 2015, 36 (1A).
[30] 申君贵. 设立采取"政府强制医疗措施程序"的构想[J]. 政治与法律, 2002 (6).
[31] 魏健馨, 刘丽. 社会经济权利之宪法解读[J]. 南开学报, 2011 (2).
[32] 陈福民, 胡永庆. 对患者知情同意权的法律保护[J]. 政治与法律, 2003 (2).
[33] 张晓隆. 知情同意权实施过程中的难点及探索[J]. 中国全科医学, 2008 (7A).
[34] 刘俊荣, 肖玲. 精神障碍患者非自愿住院治疗的伦理审视[J]. 武汉科技大学学报(社会科学版),

2012, 14 (6).

[35] 倪润. 强制医疗程序中"社会危险性"评价机制之细化 [J]. 法学, 2012, 58 (11).

[36] 刘月树. 知情同意原则的起源与发展 [J]. 医学与哲学, 2012 (5A).

[37] 向歆, 刘蔚. 并发症内涵刍议 [J]. 医学与哲学, 2012 (5B).

[38] 艾尔肯, 秦永志. 论医疗知情同意书 [J]. 东方法学, 2010 (3).

[39] 洪冬英. 论书证复制件的证据效力 [J]. 政治与法律, 2011 (6).

[40] 刘善春. 行政诉讼举证责任规则论纲 [J]. 中国法学, 2003 (3).

[41] 童友美. 精神病人强制医疗程序研究 [D]. 北京：中国政法大学, 2012.

[42] 陈竺. 关于《中华人民共和国精神卫生法（草案）》的说明 [R]. 全国人民代表大会常务委员会公报, 2012, 19 (6).

[43] 洪虎. 全国人民代表大会法律委员会关于《中华人民共和国精神卫生法（草案）》修改情况的汇报 [R]. 全国人民代表大会常务委员会公报, 2012, 19 (6).

[44] 陈甦. 处理医患纠纷应把握医与法的区别 [N]. 人民法院报, 2004-04-30 (3).

[45] Marcus L. Plante. An Analysis of "informed consent" [J]. Fordham Law Review, 1968 (36).

[46] Barry R. Furrow, Sandar H. Johnson, Timothy S. Jost, Robert L. Schwartz. Health Law: Cases Materials and Problems [M]. West Publishing Co, 1987.

[47] Canterbury v. Spence, 464 F. 2d 772 (D. C. Cir. 1972).

[48] Moore v. The Regents of University of California 51 Cal.3d 120, 793 P.2d 479, 271 Cal.Rptr. 146.

[49] Scott v. Bradford 606 P. 2d 554, 557 (Okla. 1979).

[50] Ashcraft v. King 228 Cal. App. 3d 604, 278 Cal. Rptr. 900 (1972).

[51] Lounsbury v. Capel, 836 P. 2D 188 (Utah App. 1992).

[52] Inderbitzen v. Lane Hospital, 12 P.2D 744 (Cal. App. 1932).

[53] Cobbs v.Grant.8 Cal.3d 229, 502 P.2d 1, 104 Cal.Rptr.505 (1991).

[54] Butler v.Molinski 198 Tenn.124 131, 277 S. W. 2d 448, 451 (1955).

[55] Natanson v. Kline, 350 P.2d 1093, 1106 (Kan. 1960).

[56] Trogun v. Fruchtman, 58 Wis. 2d 596, 600, 207 N.W.2d 297, 313 (1973).

[57] Schloendorff v.Society of New York Hospital 211 N.Y.125, 105 N.E.92 (1914).

# 附　录

## 1. 中华人民共和国精神卫生法

（2012年10月26日第十一届全国人民代表大会常务委员会第二十九次会议通过　根据2018年4月27日第十三届全国人民代表大会常务委员会第二次会议《关于修改〈中华人民共和国国境卫生检疫法〉等六部法律的决定》修正）

### 目　录

第一章　总则
第二章　心理健康促进和精神障碍预防
第三章　精神障碍的诊断和治疗
第四章　精神障碍的康复
第五章　保障措施
第六章　法律责任
第七章　附则

### 第一章　总　则

**第一条**　为了发展精神卫生事业，规范精神卫生服务，维护精神障碍患者的合法权益，制定本法。

**第二条**　在中华人民共和国境内开展维护和增进公民心

理健康、预防和治疗精神障碍、促进精神障碍患者康复的活动，适用本法。

**第三条** 精神卫生工作实行预防为主的方针，坚持预防、治疗和康复相结合的原则。

**第四条** 精神障碍患者的人格尊严、人身和财产安全不受侵犯。

精神障碍患者的教育、劳动、医疗以及从国家和社会获得物质帮助等方面的合法权益受法律保护。

有关单位和个人应当对精神障碍患者的姓名、肖像、住址、工作单位、病历资料以及其他可能推断出其身份的信息予以保密；但是，依法履行职责需要公开的除外。

**第五条** 全社会应当尊重、理解、关爱精神障碍患者。

任何组织或者个人不得歧视、侮辱、虐待精神障碍患者，不得非法限制精神障碍患者的人身自由。

新闻报道和文学艺术作品等不得含有歧视、侮辱精神障碍患者的内容。

**第六条** 精神卫生工作实行政府组织领导、部门各负其责、家庭和单位尽力尽责、全社会共同参与的综合管理机制。

**第七条** 县级以上人民政府领导精神卫生工作，将其纳入国民经济和社会发展规划，建设和完善精神障碍的预防、治疗和康复服务体系，建立健全精神卫生工作协调机制和工作责任制，对有关部门承担的精神卫生工作进行考核、监督。

乡镇人民政府和街道办事处根据本地区的实际情况，组织开展预防精神障碍发生、促进精神障碍患者康复等工作。

**第八条** 国务院卫生行政部门主管全国的精神卫生工

作。县级以上地方人民政府卫生行政部门主管本行政区域的精神卫生工作。

县级以上人民政府司法行政、民政、公安、教育、医疗保障等部门在各自职责范围内负责有关的精神卫生工作。

**第九条** 精神障碍患者的监护人应当履行监护职责,维护精神障碍患者的合法权益。

禁止对精神障碍患者实施家庭暴力,禁止遗弃精神障碍患者。

**第十条** 中国残疾人联合会及其地方组织依照法律、法规或者接受政府委托,动员社会力量,开展精神卫生工作。

村民委员会、居民委员会依照本法的规定开展精神卫生工作,并对所在地人民政府开展的精神卫生工作予以协助。

国家鼓励和支持工会、共产主义青年团、妇女联合会、红十字会、科学技术协会等团体依法开展精神卫生工作。

**第十一条** 国家鼓励和支持开展精神卫生专门人才的培养,维护精神卫生工作人员的合法权益,加强精神卫生专业队伍建设。

国家鼓励和支持开展精神卫生科学技术研究,发展现代医学、我国传统医学、心理学,提高精神障碍预防、诊断、治疗、康复的科学技术水平。

国家鼓励和支持开展精神卫生领域的国际交流与合作。

**第十二条** 各级人民政府和县级以上人民政府有关部门应当采取措施,鼓励和支持组织、个人提供精神卫生志愿服务,捐助精神卫生事业,兴建精神卫生公益设施。

对在精神卫生工作中作出突出贡献的组织、个人,按照国家有关规定给予表彰、奖励。

## 第二章　心理健康促进和精神障碍预防

**第十三条**　各级人民政府和县级以上人民政府有关部门应当采取措施，加强心理健康促进和精神障碍预防工作，提高公众心理健康水平。

**第十四条**　各级人民政府和县级以上人民政府有关部门制定的突发事件应急预案，应当包括心理援助的内容。发生突发事件，履行统一领导职责或者组织处置突发事件的人民政府应当根据突发事件的具体情况，按照应急预案的规定，组织开展心理援助工作。

**第十五条**　用人单位应当创造有益于职工身心健康的工作环境，关注职工的心理健康；对处于职业发展特定时期或者在特殊岗位工作的职工，应当有针对性地开展心理健康教育。

**第十六条**　各级各类学校应当对学生进行精神卫生知识教育；配备或者聘请心理健康教育教师、辅导人员，并可以设立心理健康辅导室，对学生进行心理健康教育。学前教育机构应当对幼儿开展符合其特点的心理健康教育。

发生自然灾害、意外伤害、公共安全事件等可能影响学生心理健康的事件，学校应当及时组织专业人员对学生进行心理援助。

教师应当学习和了解相关的精神卫生知识，关注学生心理健康状况，正确引导、激励学生。地方各级人民政府教育行政部门和学校应当重视教师心理健康。

学校和教师应当与学生父母或者其他监护人、近亲属沟通学生心理健康情况。

**第十七条**　医务人员开展疾病诊疗服务，应当按照诊断标准和治疗规范的要求，对就诊者进行心理健康指导；发现就诊者可能患有精神障碍的，应当建议其到符合本法规定的医疗机构就诊。

**第十八条** 监狱、看守所、拘留所、强制隔离戒毒所等场所，应当对服刑人员，被依法拘留、逮捕、强制隔离戒毒的人员等，开展精神卫生知识宣传，关注其心理健康状况，必要时提供心理咨询和心理辅导。

**第十九条** 县级以上地方人民政府人力资源社会保障、教育、卫生、司法行政、公安等部门应当在各自职责范围内分别对本法第十五条至第十八条规定的单位履行精神障碍预防义务的情况进行督促和指导。

**第二十条** 村民委员会、居民委员会应当协助所在地人民政府及其有关部门开展社区心理健康指导、精神卫生知识宣传教育活动，创建有益于居民身心健康的社区环境。

乡镇卫生院或者社区卫生服务机构应当为村民委员会、居民委员会开展社区心理健康指导、精神卫生知识宣传教育活动提供技术指导。

**第二十一条** 家庭成员之间应当相互关爱，创造良好、和睦的家庭环境，提高精神障碍预防意识；发现家庭成员可能患有精神障碍的，应当帮助其及时就诊，照顾其生活，做好看护管理。

**第二十二条** 国家鼓励和支持新闻媒体、社会组织开展精神卫生的公益性宣传，普及精神卫生知识，引导公众关注心理健康，预防精神障碍的发生。

**第二十三条** 心理咨询人员应当提高业务素质，遵守执业规范，为社会公众提供专业化的心理咨询服务。

心理咨询人员不得从事心理治疗或者精神障碍的诊断、

治疗。

心理咨询人员发现接受咨询的人员可能患有精神障碍的，应当建议其到符合本法规定的医疗机构就诊。

心理咨询人员应当尊重接受咨询人员的隐私，并为其保守秘密。

**第二十四条** 国务院卫生行政部门建立精神卫生监测网络，实行严重精神障碍发病报告制度，组织开展精神障碍发生状况、发展趋势等的监测和专题调查工作。精神卫生监测和严重精神障碍发病报告管理办法，由国务院卫生行政部门制定。

国务院卫生行政部门应当会同有关部门、组织，建立精神卫生工作信息共享机制，实现信息互联互通、交流共享。

## 第三章 精神障碍的诊断和治疗

**第二十五条** 开展精神障碍诊断、治疗活动，应当具备下列条件，并依照医疗机构的管理规定办理有关手续：

（一）有与从事的精神障碍诊断、治疗相适应的精神科执业医师、护士；

（二）有满足开展精神障碍诊断、治疗需要的设施和设备；

（三）有完善的精神障碍诊断、治疗管理制度和质量监控制度。

从事精神障碍诊断、治疗的专科医疗机构还应当配备从事心理治疗的人员。

**第二十六条** 精神障碍的诊断、治疗，应当遵循维护患者合法权益、尊重患者人格尊严的原则，保障患者在现有条件下获得良好的精神卫生服务。

精神障碍分类、诊断标准和治疗规范，由国务院卫生行政部门组织制定。

**第二十七条** 精神障碍的诊断应当以精神健康状况为依据。

除法律另有规定外，不得违背本人意志进行确定其是否患有精神障碍的医学检查。

**第二十八条** 除个人自行到医疗机构进行精神障碍诊断外，疑似精神障碍患者的近亲属可以将其送往医疗机构进行精神障碍诊断。对查找不到近亲属的流浪乞讨疑似精神障碍患者，由当地民政等有关部门按照职责分工，帮助送往医疗机构进行精神障碍诊断。

疑似精神障碍患者发生伤害自身、危害他人安全的行为，或者有伤害自身、危害他人安全的危险的，其近亲属、所在单位、当地公安机关应当立即采取措施予以制止，并将其送往医疗机构进行精神障碍诊断。

医疗机构接到送诊的疑似精神障碍患者，不得拒绝为其作出诊断。

**第二十九条** 精神障碍的诊断应当由精神科执业医师作出。

医疗机构接到依照本法第二十八条第二款规定送诊的疑似精神障碍患者，应当将其留院，立即指派精神科执业医师进行诊断，并及时出具诊断结论。

**第三十条** 精神障碍的住院治疗实行自愿原则。

诊断结论、病情评估表明，就诊者为严重精神障碍患者并有下列情形之一的，应当对其实施住院治疗：

（一）已经发生伤害自身的行为，或者有伤害自身的危险的；

（二）已经发生危害他人安全的行为，或者有危害他人安全的危险的。

**第三十一条** 精神障碍患者有本法第三十条第二款第一项情形的，经其监护人同意，医疗机构应当对患者实施住院治疗；监护人不同意的，医疗机构不得对患者实施住院治疗。监护人应当对在家居住的患者做好看护管理。

**第三十二条** 精神障碍患者有本法第三十条第二款第二项情形，患者或者其监护人对需要住院治疗的诊断结论有异议，不同意对患者实施住院治疗的，可以要求再次诊断和鉴定。

依照前款规定要求再次诊断的，应当自收到诊断结论之日起三日内向原医疗机构或者其他具有合法资质的医疗机构提出。承担再次诊断的医疗机构应当在接到再次诊断要求后指派二名初次诊断医师以外的精神科执业医师进行再次诊断，并及时出具再次诊断结论。承担再次诊断的执业医师应当到收治患者的医疗机构面见、询问患者，该医疗机构应当予以配合。

对再次诊断结论有异议的，可以自主委托依法取得执业资质的鉴定机构进行精神障碍医学鉴定；医疗机构应当公示经公告的鉴定机构名单和联系方式。接受委托的鉴定机构应当指定本机构具有该鉴定事项执业资格的二名以上鉴定人共同进行鉴定，并及时出具鉴定报告。

**第三十三条** 鉴定人应当到收治精神障碍患者的医疗机构面见、询问患者，该医疗机构应当予以配合。

鉴定人本人或者其近亲属与鉴定事项有利害关系，可能影响其独立、客观、公正进行鉴定的，应当回避。

**第三十四条** 鉴定机构、鉴定人应当遵守有关法律、法规、规章的规定，尊重科学，恪守职业道德，按照精神障碍鉴定的实施程序、技术方法和操作规范，依法独立进行鉴定，出具客观、公正的鉴定报告。

鉴定人应当对鉴定过程进行实时记录并签名。记录的内容应当真实、客观、准确、完整，记录的文本或者声像载体应当妥善保存。

**第三十五条** 再次诊断结论或者鉴定报告表明，不能确定就诊者为严重精神障碍患者，或者患者不需要住院治疗的，医疗机构不得对其实施住院治疗。

再次诊断结论或者鉴定报告表明，精神障碍患者有本法第三十条第二款第二项情形的，其监护人应当同意对患者实施住院治疗。监护人阻碍实施住院治疗或者患者擅自脱离住院治疗的，可以由公安机关协助医疗机构采取措施对患者实施住院治疗。

在相关机构出具再次诊断结论、鉴定报告前，收治精神障碍患者的医疗机构应当按照诊疗规范的要求对患者实施住院治疗。

**第三十六条** 诊断结论表明需要住院治疗的精神障碍患者，本人没有能力办理住院手续的，由其监护人办理住院手续；患者属于查找不到监护人的流浪乞讨人员的，由送诊的有关部门办理住院手续。

精神障碍患者有本法第三十条第二款第二项情形，其监护人不办理住院手续的，由患者所在单位、村民委员会或者居民委员会办理住院手续，并由医疗机构在患者病历中予以记录。

**第三十七条** 医疗机构及其医务人员应当将精神障碍患者在诊断、治疗过程中享有的权利，告知患者或者其监护人。

**第三十八条** 医疗机构应当配备适宜的设施、设备，保护就诊和住院治疗的精神障碍患者的人身安全，防止其受到伤害，并为住院患者创造尽可能接近正常生活的环境和条件。

**第三十九条** 医疗机构及其医务人员应当遵循精神障碍诊断标准和治疗规范，制定治疗方案，并向精神障碍患者或者其监护人告知治疗方案和治疗方法、目的以及可能产生的后果。

**第四十条** 精神障碍患者在医疗机构内发生或者将要发生伤害自身、危害他人安全、扰乱医疗秩序的行为，医疗机构及其医务人员在没有其他可替代措施的情况下，可以实施约束、隔离等保护性医疗措施。实施保护性医疗措施应当遵循诊断标准和治疗规范，并在实施后告知患者的监护人。

禁止利用约束、隔离等保护性医疗措施惩罚精神障碍患者。

**第四十一条** 对精神障碍患者使用药物，应当以诊断和治疗为目的，使用安全、有效的药物，不得为诊断或者治疗以外的目的使用药物。

医疗机构不得强迫精神障碍患者从事生产劳动。

**第四十二条** 禁止对依照本法第三十条第二款规定实施住院治疗的精神障碍患者实施以治疗精神障碍为目的的外科手术。

**第四十三条** 医疗机构对精神障碍患者实施下列治疗措施，应当向患者或者其监护人告知医疗风险、替代医疗方案等情况，并取得患者的书面同意；无法取得患者意见的，应当取得其监护人的书面同意，并经本医疗机构伦理委员会批准：

（一）导致人体器官丧失功能的外科手术；

（二）与精神障碍治疗有关的实验性临床医疗。

实施前款第一项治疗措施，因情况紧急查找不到监护人的，应当取得本医疗机构负责人和伦理委员会批准。

禁止对精神障碍患者实施与治疗其精神障碍无关的实验性临床医疗。

**第四十四条** 自愿住院治疗的精神障碍患者可以随时要求出院，医疗机构应当同意。

对有本法第三十条第二款第一项情形的精神障碍患者实施住院治疗的，监护人可以随时要求患者出院，医疗机构应当同意。

医疗机构认为前两款规定的精神障碍患者不宜出院的，应当告知不宜出院的理由；患者或者其监护人仍要求出院的，执业医师应当在病历资料中详细记录告知的过程，同时提出出院后的医学建议，患者或者其监护人应当签字确认。

对有本法第三十条第二款第二项情形的精神障碍患者实施住院治疗，医疗机构认为患者可以出院的，应当立即告知患者及其监护人。

医疗机构应当根据精神障碍患者病情，及时组织精神科执业医师对依照本法第三十条第二款规定实施住院治疗的患者进行检查评估。评估结果表明患者不需要继续住院治疗的，医疗机构应当立即通知患者及其监护人。

**第四十五条** 精神障碍患者出院，本人没有能力办理出院手续的，监护人应当为其办理出院手续。

**第四十六条** 医疗机构及其医务人员应当尊重住院精神障碍患者的通讯和会见探访者等权利。除在急性发病期或者为了避免妨碍治疗可以暂时性限制外，不得限制患者的通讯和会见探访者等权利。

**第四十七条** 医疗机构及其医务人员应当在病历资料中如实记录精神障碍患者的病情、治疗措施、用药情况、实施约束、隔离措施等内容，并如实告知患者或者其监护人。患者及其监护人可以查阅、复制病历资料；但是，患者查阅、复制病历资料可能对其治疗产生不利影响的除外。病历资料保存期限不得少于三十年。

**第四十八条** 医疗机构不得因就诊者是精神障碍患者，推诿或者拒绝为其治疗属于本医疗机构诊疗范围的其他疾病。

**第四十九条** 精神障碍患者的监护人应当妥善看护未住院治疗的患者，按照医嘱督促其按时服药、接受随访或者治疗。村民委员会、居民委员会、患者所在单位等应当依患者或者其监护人的请求，对监护人看护患者提供必要的帮助。

**第五十条** 县级以上地方人民政府卫生行政部门应当定期就下列事项对本行政区域内从事精神障碍诊断、治疗的医疗机构进行检查：

（一）相关人员、设施、设备是否符合本法要求；

（二）诊疗行为是否符合本法以及诊断标准、治疗规范的规定；

（三）对精神障碍患者实施住院治疗的程序是否符合本法规定；

（四）是否依法维护精神障碍患者的合法权益。

县级以上地方人民政府卫生行政部门进行前款规定的检查，应当听取精神障碍患者及其监护人的意见；发现存在违反本法行为的，应当立即制止或者责令改正，并依法作出处理。

第五十一条　心理治疗活动应当在医疗机构内开展。专门从事心理治疗的人员不得从事精神障碍的诊断，不得为精神障碍患者开具处方或者提供外科治疗。心理治疗的技术规范由国务院卫生行政部门制定。

第五十二条　监狱、强制隔离戒毒所等场所应当采取措施，保证患有精神障碍的服刑人员、强制隔离戒毒人员等获得治疗。

第五十三条　精神障碍患者违反治安管理处罚法或者触犯刑法的，依照有关法律的规定处理。

## 第四章　精神障碍的康复

第五十四条　社区康复机构应当为需要康复的精神障碍患者提供场所和条件，对患者进行生活自理能力和社会适应能力等方面的康复训练。

第五十五条　医疗机构应当为在家居住的严重精神障碍患者提供精神科基本药物维持治疗，并为社区康复机构提供有关精神障碍康复的技术指导和支持。

社区卫生服务机构、乡镇卫生院、村卫生室应当建立严重精神障碍患者的健康档案，对在家居住的严重精神障碍患者进行定期随访，指导患者服药和开展康复训练，并对患者的监护人进行精神卫生知识和看护知识的培训。县级人民政府卫生行政部门应当为社区卫生服务机构、乡镇卫生院、村卫生室开展上述工作给予指导和培训。

第五十六条　村民委员会、居民委员会应当为生活困难的精神障碍患者家庭提供帮助，并向所在地乡镇人民政府或者街道办事处以及县级人民政府有关部门反映患者及其家庭的情况和要求，帮助其解决实际困难，为患者融入社会创造条件。

**第五十七条** 残疾人组织或者残疾人康复机构应当根据精神障碍患者康复的需要，组织患者参加康复活动。

**第五十八条** 用人单位应当根据精神障碍患者的实际情况，安排患者从事力所能及的工作，保障患者享有同等待遇，安排患者参加必要的职业技能培训，提高患者的就业能力，为患者创造适宜的工作环境，对患者在工作中取得的成绩予以鼓励。

**第五十九条** 精神障碍患者的监护人应当协助患者进行生活自理能力和社会适应能力等方面的康复训练。

精神障碍患者的监护人在看护患者过程中需要技术指导的，社区卫生服务机构或者乡镇卫生院、村卫生室、社区康复机构应当提供。

## 第五章 保障措施

**第六十条** 县级以上人民政府卫生行政部门会同有关部门依据国民经济和社会发展规划的要求，制定精神卫生工作规划并组织实施。

精神卫生监测和专题调查结果应当作为制定精神卫生工作规划的依据。

**第六十一条** 省、自治区、直辖市人民政府根据本行政区域的实际情况，统筹规划，整合资源，建设和完善精神卫生服务体系，加强精神障碍预防、治疗和康复服务能力建设。

县级人民政府根据本行政区域的实际情况，统筹规划，建立精神障碍患者社区康复机构。

县级以上地方人民政府应当采取措施，鼓励和支持社会力量举办从事精神障碍诊断、治疗的医疗机构和精神障碍患者康复机构。

**第六十二条** 各级人民政府应当根据精神卫生工作需要，加大财政投入力度，保障精神卫生工作所需经费，将精神卫生工作经费列入本级财政预算。

**第六十三条** 国家加强基层精神卫生服务体系建设，扶持贫困地区、边远地区的精神卫生工作，保障城市社区、农村基层精神卫生工作所需经费。

**第六十四条** 医学院校应当加强精神医学的教学和研究，按照精神卫生工作的实际需要培养精神医学专门人才，为精神卫生工作提供人才保障。

**第六十五条** 综合性医疗机构应当按照国务院卫生行政部门的规定开设精神科门诊或者心理治疗门诊，提高精神障碍预防、诊断、治疗能力。

**第六十六条** 医疗机构应当组织医务人员学习精神卫生知识和相关法律、法规、政策。

从事精神障碍诊断、治疗、康复的机构应当定期组织医务人员、工作人员进行在岗培训，更新精神卫生知识。

县级以上人民政府卫生行政部门应当组织医务人员进行精神卫生知识培训，提高其识别精神障碍的能力。

**第六十七条** 师范院校应当为学生开设精神卫生课程；医学院校应当为非精神医学专业的学生开设精神卫生课程。

县级以上人民政府教育行政部门对教师进行上岗前和在岗培训，应当有精神卫生的内容，并定期组织心理健康教育教师、辅导人员进行专业培训。

**第六十八条** 县级以上人民政府卫生行政部门应当组织

医疗机构为严重精神障碍患者免费提供基本公共卫生服务。

精神障碍患者的医疗费用按照国家有关社会保险的规定由基本医疗保险基金支付。医疗保险经办机构应当按照国家有关规定将精神障碍患者纳入城镇职工基本医疗保险、城镇居民基本医疗保险或者新型农村合作医疗的保障范围。县级人民政府应当按照国家有关规定对家庭经济困难的严重精神障碍患者参加基本医疗保险给予资助。医疗保障、财政等部门应当加强协调，简化程序，实现属于基本医疗保险基金支付的医疗费用由医疗机构与医疗保险经办机构直接结算。

精神障碍患者通过基本医疗保险支付医疗费用后仍有困难，或者不能通过基本医疗保险支付医疗费用的，医疗保障部门应当优先给予医疗救助。

**第六十九条** 对符合城乡最低生活保障条件的严重精神障碍患者，民政部门应当会同有关部门及时将其纳入最低生活保障。

对属于农村五保供养对象的严重精神障碍患者，以及城市中无劳动能力、无生活来源且无法定赡养、抚养、扶养义务人，或者其法定赡养、抚养、扶养义务人无赡养、抚养、扶养能力的严重精神障碍患者，民政部门应当按照国家有关规定予以供养、救助。

前两款规定以外的严重精神障碍患者确有困难的，民政部门可以采取临时救助等措施，帮助其解决生活困难。

**第七十条** 县级以上地方人民政府及其有关部门应当采取有效措施，保证患有精神障碍的适龄儿童、少年接受义务教育，扶持有劳动能力的精神障碍患者从事力所能及的劳动，并为已经康复的人员提供就业服务。

国家对安排精神障碍患者就业的用人单位依法给予税收

优惠，并在生产、经营、技术、资金、物资、场地等方面给予扶持。

**第七十一条** 精神卫生工作人员的人格尊严、人身安全不受侵犯，精神卫生工作人员依法履行职责受法律保护。全社会应当尊重精神卫生工作人员。

县级以上人民政府及其有关部门、医疗机构、康复机构应当采取措施，加强对精神卫生工作人员的职业保护，提高精神卫生工作人员的待遇水平，并按照规定给予适当的津贴。精神卫生工作人员因工致伤、致残、死亡的，其工伤待遇以及抚恤按照国家有关规定执行。

## 第六章 法律责任

**第七十二条** 县级以上人民政府卫生行政部门和其他有关部门未依照本法规定履行精神卫生工作职责，或者滥用职权、玩忽职守、徇私舞弊的，由本级人民政府或者上一级人民政府有关部门责令改正，通报批评，对直接负责的主管人员和其他直接责任人员依法给予警告、记过或者记大过的处分；造成严重后果的，给予降级、撤职或者开除的处分。

**第七十三条** 不符合本法规定条件的医疗机构擅自从事精神障碍诊断、治疗的，由县级以上人民政府卫生行政部门责令停止相关诊疗活动，给予警告，并处五千元以上一万元以下罚款，有违法所得的，没收违法所得；对直接负责的主管人员和其他直接责任人员依法给予或者责令给予降低岗位等级或者撤职、开除的处分；对有关医务人员，吊销其执业证书。

**第七十四条** 医疗机构及其工作人员有下列行为之一的，由县级以上人民政府卫生行政部门责令改正，给予警告；情节严重的，对直接负责的主管人员和其他直接责任人员依法给予或者责令给予降低岗位等级或者撤职、开除的处分，并可以责令有关医务人员暂停一个月以上六个月以下执业活动：

（一）拒绝对送诊的疑似精神障碍患者作出诊断的；

（二）对依照本法第三十条第二款规定实施住院治疗的患者未及时进行检查评估或者未根据评估结果作出处理的。

**第七十五条** 医疗机构及其工作人员有下列行为之一的，由县级以上人民政府卫生行政部门责令改正，对直接负责的主管人员和其他直接责任人员依法给予或者责令给予降低岗位等级或者撤职的处分；对有关医务人员，暂停六个月以上一年以下执业活动；情节严重的，给予或者责令给予开除的处分，并吊销有关医务人员的执业证书：

（一）违反本法规定实施约束、隔离等保护性医疗措施的；

（二）违反本法规定，强迫精神障碍患者劳动的；

（三）违反本法规定对精神障碍患者实施外科手术或者实验性临床医疗的；

（四）违反本法规定，侵害精神障碍患者的通讯和会见探访者等权利的；

（五）违反精神障碍诊断标准，将非精神障碍患者诊断为精神障碍患者的。

**第七十六条** 有下列情形之一的，由县级以上人民政府卫生行政部门、工商行政管理部门依据各自职责责令改正，给予警告，并处五千元以上一万元以下罚款，有违法所得的，没收违法所得；造成严重后果的，责令暂停六个月以上一年以下执业活动，直至吊销执业证书或者营业执照：

（一）心理咨询人员从事心理治疗或者精神障碍的诊断、治疗的；

（二）从事心理治疗的人员在医疗机构以外开展心理治疗活动的；

（三）专门从事心理治疗的人员从事精神障碍的诊断的；

（四）专门从事心理治疗的人员为精神障碍患者开具处方或者提供外科治疗的。

心理咨询人员、专门从事心理治疗的人员在心理咨询、心理治疗活动中造成他人人身、财产或者其他损害的，依法承担民事责任。

**第七十七条** 有关单位和个人违反本法第四条第三款规定，给精神障碍患者造成损害的，依法承担赔偿责任；对单位直接负责的主管人员和其他直接责任人员，还应当依法给予处分。

**第七十八条** 违反本法规定，有下列情形之一，给精神障碍患者或者其他公民造成人身、财产或者其他损害的，依法承担赔偿责任：

（一）将非精神障碍患者故意作为精神障碍患者送入医疗机构治疗的；

（二）精神障碍患者的监护人遗弃患者，或者有不履行监护职责的其他情形的；

（三）歧视、侮辱、虐待精神障碍患者，侵害患者的人格尊严、人身安全的；

（四）非法限制精神障碍患者人身自由的；

（五）其他侵害精神障碍患者合法权益的情形。

**第七十九条** 医疗机构出具的诊断结论表明精神障碍患者应当住院治疗而其监护人拒绝，致使患者造成他人人身、财产损害的,或者患者有其他造成他人人身、财产损害情形的,其监护人依法承担民事责任。

**第八十条** 在精神障碍的诊断、治疗、鉴定过程中,寻衅滋事,阻挠有关工作人员依照本法的规定履行职责,扰乱医疗机构、鉴定机构工作秩序的,依法给予治安管理处罚。

违反本法规定,有其他构成违反治安管理行为的,依法给予治安管理处罚。

**第八十一条** 违反本法规定,构成犯罪的,依法追究刑事责任。

**第八十二条** 精神障碍患者或者其监护人、近亲属认为行政机关、医疗机构或者其他有关单位和个人违反本法规定侵害患者合法权益的,可以依法提起诉讼。

## 第七章 附 则

**第八十三条** 本法所称精神障碍,是指由各种原因引起的感知、情感和思维等精神活动的紊乱或者异常,导致患者明显的心理痛苦或者社会适应等功能损害。

本法所称严重精神障碍,是指疾病症状严重,导致患者社会适应等功能严重损害、对自身健康状况或者客观现实不能完整认识,或者不能处理自身事务的精神障碍。

本法所称精神障碍患者的监护人,是指依照民法通则的有关规定可以担任监护人的人。

**第八十四条** 军队的精神卫生工作,由国务院和中央军事委员会依据本法制定管理办法。

**第八十五条** 本法自2013年5月1日起施行。

## 2. 杭州市精神卫生条例

（2016年6月24日杭州市第十二届人民代表大会常务委员会第三十八次会议通过

2016年9月29日浙江省第十二届人民代表大会常务委员会第三十三次会议批准）

## 目　　录

第一章　总则
第二章　精神卫生服务体系
第三章　心理健康促进和精神障碍预防
第四章　精神障碍的诊断和治疗
第五章　精神障碍患者的康复
第六章　保障措施
第七章　法律责任
第八章　附则

## 第一章　总　　则

**第一条**　为了发展精神卫生事业，规范精神卫生服务，维护精神障碍患者的合法权益，根据《中华人民共和国精神卫生法》等法律、法规，结合本市实际，制定本条例。

**第二条**　本市行政区域内的精神卫生工作适用本条例。

本条例所称精神卫生工作，是指心理健康促进和精神障碍的预防、治疗、康复等精神卫生服务以及相关的管理活动。

本条例所称心理健康促进，是指提高心理健康水平策略的制定及实施、对公民进行心理卫生知识的普及、心理问题与心理危机的处置等活动。

**第三条** 精神卫生工作应当遵循预防为主、防治结合、重点干预、广泛覆盖的原则,实行政府领导、部门合作、家庭和单位尽责、社会共同参与的工作机制。

**第四条** 市卫生行政部门主管全市的精神卫生工作。区、县(市)卫生行政部门主管本行政区域的精神卫生工作。

发展和改革、教育、公安、民政、司法行政、财政、人力资源和社会保障、规划、市场监督管理、城市管理等部门和街道办事处、乡(镇)人民政府,在各自职责范围内负责有关精神卫生工作。

居民委员会、村民委员会应当依照法律和本条例的规定开展精神卫生工作,并协助所在地人民政府做好有关精神卫生工作。

残疾人联合会、工会、共产主义青年团、妇女联合会、红十字会、科学技术协会、计划生育协会等团体,应当依照本条例的规定开展有关精神卫生工作。

**第五条** 全社会应当理解和关怀精神障碍患者。

精神障碍患者有获得精神卫生服务的权利,有依法参加和享受社会保险、社会救济等社会保障的权利。

禁止歧视、侮辱、虐待、遗弃精神障碍患者。禁止非法限制精神障碍患者的人身自由。

未经精神障碍患者本人或者其监护人的书面同意,任何单位或者个人不得对其进行录音、录像、摄影,不得公开精神障碍患者及其近亲属的姓名、住址、工作单位、肖像、病史资料以及其他可能推断出其具体身份的信息;因学术交流等需要在一定场合公开精神障碍患者病情资料的除外,但是应当隐去能够识别其身份的资料。

**第六条** 精神障碍患者病愈后,在入学、考试、就业等方面依法享有与其他公民平等的权利。

精神障碍患者病愈后,在劳动关系存续期间或者聘用合同期内,其所在单位应当为其安排适当的工种和岗位,在待遇和福利等方面不得歧视。

有劳动能力的精神障碍患者病愈后有权参加各种形式的职业技能培训,提高就业能力。公共职业介绍机构、残疾人联合会应当为其提供就业培训和推荐就业服务。

**第七条** 鼓励公民、法人和其他组织为精神卫生工作提供志愿服务,对精神卫生工作进行捐赠。捐赠人捐赠的财产应当依法管理和使用。

**第八条** 无民事行为能力或者限制民事行为能力的精神障碍患者给他人造成严重人身伤害,本人及其监护人无力承担赔偿责任的,受害人可向市和区、县(市)人民政府申请补助,具体办法由市人民政府制定。

## 第二章 精神卫生服务体系

**第九条** 各级人民政府应当建立和完善精神卫生工作的组织体系和工作机制,将心理健康促进和精神卫生服务纳入社区卫生服务体系,并将精神卫生服务体系建设纳入区域卫生规划,建立健全购买公共精神卫生服务的机制,形成功能完善的精神卫生服务网络。

街道办事处、乡(镇)人民政府应当建立本辖区的精神障碍患者数据库,并安排专门人员进行管理。

居民委员会、村民委员会应当建立健全精神障碍患者个案管理制度,帮助精神障碍患者维护自身合法权益,落实本市各项救助政策。

**第十条** 本市建立以精神卫生专科医疗机构为主体，设置精神科门诊或者心理治疗门诊的综合性医疗机构、专门从事心理治疗的医疗机构为辅助，社区卫生服务机构、精神障碍患者社区康复机构、精神障碍患者社区养护机构和心理咨询机构等为依托的功能完善的精神卫生服务体系。

**第十一条** 市卫生行政部门应当会同公安、人力资源和社会保障、民政等部门和残疾人联合会建立精神卫生信息共享平台，完善精神障碍信息管理系统，建立健全严重精神障碍发病报告制度。

市和区、县（市）应当建立精神障碍患者、疑似精神障碍患者突发事件应急联动、综合治理处置机制，预防、处置精神障碍患者、疑似精神障碍患者发生伤害自身或者危害他人的行为。

民政、人力资源和社会保障等部门和残疾人联合会应当加强精神障碍患者社区康复机构和社区养护机构建设，提高工作人员专业化、职业化水平。

**第十二条** 街道办事处、乡（镇）人民政府应当根据本地实际设立社会福利性质的康复机构，为精神障碍患者提供康复场所。康复机构应当按照有关规定进行登记，其建设、维护和管理费用由各级人民政府予以保障。

鼓励社会力量开办康复机构。

**第十三条** 综合性医疗机构应当按照等级医院标准开展精神卫生服务。精神卫生专科医疗机构、社区卫生服务机构应当指导康复机构开展精神障碍康复治疗。

**第十四条** 心理咨询机构依法进行登记后，方可开展心理咨询服务。

设立营利性心理咨询机构的，应当向市场监督管理部门办理注册登记，领取营业执照。

设立非营利性心理咨询机构的，应当经卫生行政部门审查同意，向民政部门申请办理民办非企业单位登记。

**第十五条** 心理咨询机构可以提供下列心理咨询服务：

（一）一般心理状态与功能的评估；

（二）心理发展偏差的咨询与干预；

（三）认知、情绪或者行为问题的咨询与干预；

（四）社会适应不良的咨询与干预；

（五）国家有关部门规定的其他心理咨询服务。

**第十六条** 心理咨询机构应当建立健全内部管理制度，加强自律，依法开展心理咨询服务。

心理咨询机构应当定期对从业人员进行职业道德教育，组织开展业务培训，提高其职业道德素养和业务能力。

心理咨询机构不得安排不符合从业要求的人员提供心理咨询服务。

**第十七条** 心理咨询机构及其从业人员应当按照法律、法规、规章和执业规范提供心理咨询服务，并遵守下列规定：

（一）向接受咨询者告知心理咨询服务的性质以及相关的权利和义务；

（二）未经接受咨询者同意，不得对咨询过程进行录音、录像，确实需要进行案例讨论或者采用案例进行教学、科研的，应当隐去可能据以辨认接受咨询者身份的有关信息；

（三）发现接受咨询者有伤害自身或者危害他人安全倾向的，应当采取必要的安全措施，防止意外事件发生，并及时通知其近亲属；

（四）发现接受咨询者可能患有精神障碍的，应当建议其到精神卫生专科医疗机构就诊。

心理咨询机构的执业规范由市卫生行政部门制定，报市人民政府批准后执行。

**第十八条** 卫生行政部门应当对心理咨询机构提供心理咨询服务进行业务指导，加强监督检查，指导心理咨询行业协会开展行业自律工作。

心理咨询行业协会应当建立健全行业自律的规章制度，督促会员依法开展心理咨询服务，组织开展业务培训，引导行业健康发展。

**第十九条** 医疗机构、康复机构和心理咨询机构的专业技术人员应当依法取得相关的职业资格。

## 第三章 心理健康促进和精神障碍预防

**第二十条** 各级人民政府应当把心理健康促进作为精神文明建设的重要内容，积极采取措施，提高公民的心理健康水平，预防精神障碍的发生。

用人单位应当重视劳动者的心理健康促进工作，结合本单位的工作特点，定期开展心理健康教育，提供心理健康促进活动。工会应当督促用人单位建立有利于职工身心健康的工作环境。

居民委员会、村民委员会应当重视居民、村民的心理健康需求，做好心理健康促进工作。

公民应当了解精神卫生知识，参与心理健康促进活动，保持和提高自身的心理健康水平。

**第二十一条** 卫生行政部门和其他有关部门应当组织开展心理健康教育工作，宣传预防精神障碍的意义，普及精神卫生知识。

残疾人联合会、工会、共产主义青年团、妇女联合会、红十字会、科学技术协会、计划生育协会等有关群众团体应当参与精神卫生知识的普及工作，帮助公民提高心理健康水平。

广播、电视、报刊、互联网站等新闻媒体应当开展精神卫生的公益性宣传。

**第二十二条** 教育行政部门应当对教师、校医开展心理健康教育和精神卫生知识培训，提高其促进学生心理健康的能力。

学校应当结合素质教育，将心理健康教育纳入学校工作计划，配备心理辅导人员，对教师、学生以及学生家长开展心理健康教育，为学生提供心理辅导。学前教育机构应当对幼儿开展符合其特点的心理健康教育。

**第二十三条** 民政部门在抗灾、救灾中，应当配合卫生行政部门开展受灾人群心理健康促进活动，防止因受灾诱发精神障碍。

**第二十四条** 司法行政、公安等部门应当对监狱、强制隔离戒毒所、看守所、拘留所等监管场所的人民警察开展心理健康教育和精神卫生知识培训。监狱、强制隔离戒毒所、看守所、拘留所等监管场所应当积极创造条件为被监管人员提供心理咨询服务。

**第二十五条** 各级人民政府应当将心理危机干预列入各类突发事件的应急预案，协调心理危机干预工作。

市和区、县（市）卫生行政部门应当制订心理危机干预预案，并组织开展心理危机干预的业务培训。

卫生、民政、公安、司法行政、教育、城市管理等部门应当根据本部门实际情况，组建心理危机干预队伍或者配备心理辅导人员，开展突发事件的心理危机干预，降低突发事件发生后的精神障碍发病率。

工会、共产主义青年团、妇女联合会、红十字会等群众团体及慈善组织、志愿者组织等社会组织应当积极参与突发事件的心理危机干预。

## 第四章　精神障碍的诊断和治疗

**第二十六条**　精神障碍的诊断、治疗，应当遵循维护患者合法权益、尊重患者人格尊严的原则，保障患者获得良好的精神卫生服务。

**第二十七条**　精神障碍的诊断应当以精神健康状况为依据。除法律另有规定外，不得违背本人意志进行确定其是否患有精神障碍的医学检查。

**第二十八条**　除个人自行到医疗机构进行精神障碍诊断外，疑似精神障碍患者的近亲属可以将其送往医疗机构进行精神障碍诊断。

对查找不到近亲属的流浪乞讨疑似精神障碍患者，由当地民政、公安、城市管理等部门按照职责分工，帮助送往医疗机构进行精神障碍诊断。

疑似精神障碍患者发生伤害自身、危害他人安全的行为，或者有伤害自身、危害他人安全的危险的，其近亲属、所在单位或者学校、当地公安机关应当立即采取措施予以制止，并将其送往医疗机构进行精神障碍诊断。

医疗机构接到送诊的疑似精神障碍患者，不得拒绝为其作出诊断。

**第二十九条**　住院治疗的精神障碍患者的通信、受探视权利受法律保护。因病情或者治疗需要有必要对其通信、受探视的权利加以限制时，精神科执业医师应当征得精神障碍患者或者其监护人的同意，并记入病历。

第三十条　精神障碍患者或者其监护人、近亲属有权了解病情、诊断结论、治疗方案及其可能产生的后果，有权要求医疗机构出具书面诊断结论。

第三十一条　禁止对精神障碍患者实施与治疗其精神障碍无关的实验性临床医疗。需要精神障碍患者参与医学科研活动或者接受新药、新治疗方法的临床试用时，医疗机构或者科研机构应当按照有关规定办理相关手续，并向患者或者其监护人告知医学科研、临床试用的目的、方法以及可能产生的后果。

第三十二条　需要住院治疗的精神障碍患者合并患有其他严重疾病，精神卫生专科医疗机构无治疗条件的，由卫生行政部门组织专家进行评估；经评估认为需要转院治疗的，应当转至具有相应诊疗能力的医疗机构。医疗机构不得因其是精神障碍患者，推诿或者拒绝为其治疗属于本医疗机构诊疗范围的其他疾病。

第三十三条　医疗机构认为住院治疗的精神障碍患者可以出院的，应当立即告知患者及其监护人。由监护人办理出院手续的，监护人应当在三日内到医疗机构办理手续。

前款规定的患者属于流浪乞讨人员的，民政、公安、城市管理等部门应当及时进行甄别和确认其身份。经甄别属于非本市户籍的流浪乞讨人员的，可以移交救助站实施救助；不属于救助对象的，相关部门应当协助医疗机构做好精神障碍患者出院工作。

第三十四条　医疗机构发现住院治疗的精神障碍患者擅

自离院的，应当立即寻找，并及时通知其监护人或者近亲属。有下列情形之一的，应当立即向当地公安机关报告：

（一）精神障碍患者已经发生伤害自身的行为，或者有伤害自身的危险的；

（二）精神障碍患者已经发生危害他人安全的行为，或者有危害他人安全的危险的。

精神障碍患者的监护人、近亲属或者公安机关发现擅自离院的精神障碍患者，应当及时通知其住院治疗的医疗机构，并协助将其送回医疗机构。

## 第五章 精神障碍患者的康复

**第三十五条** 严重精神障碍患者出院时，经具有主治医师以上职称的精神科执业医师病情评估，认为需要接受定期门诊治疗和社区随访的，严重精神障碍患者的监护人应当协助其接受定期门诊和社区随访。

**第三十六条** 医疗机构应当为住院治疗的精神障碍患者提供康复服务。

医疗机构、精神障碍患者的监护人或者近亲属应当帮助住院治疗的精神障碍患者进行生活自理能力和社会适应能力的训练。

**第三十七条** 康复机构应当安排精神障碍患者参加有利于其康复的劳动、娱乐、体育活动，提高其生活自理能力和社会适应能力。

鼓励企业将有利于精神障碍患者康复的产品提供给康复机构生产。

**第三十八条** 精神障碍患者的监护人、近亲属应当创造有利于精神障碍患者康复的家庭环境，在治疗、生活和社会活动等方面给予必要的照顾，提高其生活自理能力和社会适应能力，帮助符合条件的精神障碍患者申领《中华人民共和国残疾人证》，按照规定享受最低生活保障和其他救助政策，维护其合法权益。

精神障碍患者的监护人遗弃患者或者有不履行监护职责的其他情形的，应当依法承担责任。

**第三十九条** 医疗机构、社区卫生服务机构、康复机构应当向精神障碍患者及其监护人、近亲属提供康复知识和康复方法的指导。

## 第六章 保障措施

**第四十条** 市和区、县（市）人民政府应当将精神卫生工作作为公共卫生的重要组成部分，纳入本地区国民经济和社会发展规划，并组织实施。

各级人民政府应当根据本地区经济社会发展水平和精神卫生工作需要，将精神卫生工作经费纳入年度财政预算，并逐年有所增长。同时，应当建立健全精神障碍患者生活、医疗救助机制。

各级人民政府应当保障公立精神卫生专科医疗机构基本建设、日常运行、学科建设和人才培养的经费。

**第四十一条** 本市各级卫生、人力资源和社会保障、教育等部门和残疾人联合会应当采取措施，推进精神卫生服务人才队伍建设，确保每十万人口精神科执业医师数量不低于国家和省、市有关部门规定的目标。

本市鼓励和支持开展精神卫生科学技术研究和精神卫生专门人才的培养，将精神医学纳入医学相关专业的教学计划。有关科研院所、大专院校、医疗机构应当加强精神障碍的预防、诊治、康复的基础研究和临床研究，提高精神卫生服务水平。

**第四十二条** 精神卫生工作人员和从事精神卫生服务的社会工作者应当受到全社会的尊重。精神卫生工作人员和从事精神卫生服务的社会工作者的人格尊严、人身安全不受侵犯，其依法履行职责受法律保护；因工致伤、致残、死亡的，其工伤待遇以及抚恤按照国家有关规定执行。

市和区、县（市）人民政府应当采取措施，改善精神卫生工作人员和从事精神卫生服务的社会工作者的工作条件，加强职业保护，保障其合法权益。对在工作中做出显著成绩的人员，按照国家和省有关规定予以表彰和奖励。

本市依法落实精神卫生工作人员津贴制度，具体办法由市人力资源和社会保障部门会同市卫生、财政等部门制定，报市人民政府批准后执行。

**第四十三条** 市人民政府应当组织推动本市精神卫生专科医疗机构的建设，满足精神障碍患者治疗、康复的需求。各区、县（市）人民政府应当组织在本行政区域内建设至少一所具有精神障碍诊疗能力的医疗机构。

**第四十四条** 参加基本医疗保险的精神障碍患者的医疗费用，按照基本医疗保险的有关规定执行。

无生活来源、无劳动能力又无法定赡养人、扶养人或者抚养人的精神障碍患者，由民政部门指定的医疗机构收治，其医疗费用按照国家、省和本市的有关规定执行。

服现役期间患精神障碍的人员退伍、转业后，其精神障碍的医疗费用按照国家、省和本市的有关规定执行。

医疗费用按规定减免后支出仍有困难的精神障碍患者，可以按照国家、省和本市的有关规定申请医疗救助。

依照本条例第二十八条规定经诊断接受住院治疗的精神障碍患者的医疗费用负担办法,由市人民政府另行制定。

对符合条件的生活贫困的严重精神障碍患者,本市实行免费提供基本抗精神障碍药物制度。

## 第七章 法律责任

**第四十五条** 违反本条例规定的行为,法律、法规另有规定的,从其规定。

**第四十六条** 违反本条例第十七条第一款规定,心理咨询机构未按照执业规范开展活动的,由卫生行政部门责令改正,可以处警告或者五千元以上一万元以下的罚款。

## 第八章 附 则

**第四十七条** 本条例自2016年12月1日起施行。

## 3. 武汉市精神卫生条例

(2008年11月20日武汉市第十二届人民代表大会常务委员会第十二次会议通过,2010年5月27日湖北省第十一届人民代表大会常务委员会第十六次会议批准;根据2015年5月20日武汉市第十三届人民代表大会常务委员会第二十九次会议通过、2015年7月30日湖北省第十二届人民代表大会常务委员会第十六次会议批准的《武汉市人民代表大会常务委员会关于修改〈武汉市未成年人保护实施办法〉等八件地方性法规的决定》修正)

## 第一章 总 则

**第一条** 为了加强精神卫生工作,提高公民心理健康水平，保障精神障碍者合法权益，促进社会和谐稳定，根据有关法律、法规，结合本市实际，制定本条例。

**第二条** 本市行政区域内的精神卫生事业促进和精神障碍的预防控制、诊断治疗、康复服务以及相关行政管理活动适用本条例。

**第三条** 精神卫生工作坚持预防为主、防治结合、重点干预、广泛覆盖、依法管理的原则。

**第四条** 市、区人民政府统一组织领导本行政区域内的精神卫生工作，建立政府领导、部门合作、社会参与的工作机制。

市、区卫生行政部门主管本行政区域内精神卫生工作。

发展和改革、民政、公安、司法行政、教育、财政、人力资源和社会保障、科技、工商行政管理等部门和街道办事处、乡（镇）人民政府在各自职责范围内做好精神卫生工作。

工会、共青团、妇联、残联等社会团体和居民委员会、村民委员会协助做好精神卫生相关工作。

**第五条** 武汉经济技术开发区管理委员会、武汉东湖新技术开发区管理委员会和武汉市东湖生态旅游风景区管理委员会按照本条例关于区人民政府及区卫生行政部门管理职责的规定，负责其管理区域内精神卫生工作的管理。

## 第二章 事业促进

**第六条** 市、区人民政府应当将精神卫生工作作为公共卫生工作的重要组成部分，纳入国民经济和社会发展规划；根据本地区经济社会发展水平和精神卫生工作的需要建立精神卫生工作经费保障制度，加大投入，完善精神卫生基础设施建设。

市卫生行政部门应当根据国家有关规定和本市国民经济和社会发展规划,会同有关部门编制市精神卫生工作规划,报市人民政府批准后组织实施。

**第七条** 市、区人民政府应当按照精神卫生专业机构为主体,综合性医疗机构为辅助,社区(乡镇)医疗卫生机构为依托的原则,整合本地区精神卫生资源,明确各级各类精神卫生机构职责,建立健全精神卫生服务体系。

精神卫生专业机构应当全面开展精神卫生服务,并负责对综合性医疗机构、社区(乡镇)医疗卫生机构的精神卫生服务进行业务指导;综合性医疗机构、社区(乡镇)医疗卫生机构应当根据市精神卫生工作规划开展相关精神卫生服务。

**第八条** 参加本市城镇职工(居民)基本医疗保险的精神障碍者的医疗费用,按照国家、省和本市基本医疗保险的规定执行。农村精神障碍者的医疗费用按照新型农村合作医疗制度的规定执行。

**第九条** 市、区人民政府对本市下列精神障碍者实行医疗救助:

(一)无生活来源、无劳动能力又无法定赡养人、扶(抚)养人的精神障碍者;

(二)生活困难的重性精神障碍者;

(三)流浪乞讨的精神障碍者。

具体救助办法由市人民政府另行制定。

**第十条** 卫生行政部门应当会同人事等行政部门加强对精神卫生专业人员的培训,提高其业务水平和工作能力;加强对医疗机构中非精神卫生专业人员的培训和教育,提高其识别精神障碍的能力；积极开展相关公共卫生专业人员从事精神健康教育工作的能力培训。

卫生行政部门应当为公安、司法行政、民政、教育等行政部门以及相关社会团体开展精神卫生知识培训提供技术支持。

**第十一条** 科技行政部门应当加大经费投入，鼓励和支持科研院所、高等学校和医疗机构开展精神卫生的基础研究和临床研究，提高精神障碍预防控制、诊断治疗和康复服务的水平。

**第十二条** 市、区人民政府应当按照国家有关规定，采取具体措施，鼓励公民、法人和其他组织以提供资助、志愿服务等多种形式支持本市精神卫生事业发展，引导社会资源投向精神卫生事业。

**第十三条** 市、区人民政府及其有关部门应当采取措施加强精神卫生从业人员的职业保护，逐步改善其工作条件。

任何单位和个人不得干扰精神卫生机构及其从业人员的正常执业活动。

**第十四条** 单位和个人在精神卫生工作中作出显著成绩的，由市、区人民政府予以表彰。

## 第三章 预防控制

**第十五条** 本市建立以精神障碍预防控制机构为主体、医疗机构为骨干、社区为基础、家庭为依托的精神障碍预防控制体系。

**第十六条** 市、区人民政府应当把提高公民精神健康水平作为精神文明建设的重要内容，采取措施，预防精神障碍的发生。

各单位应当重视劳动者的精神健康，结合本单位的工作特点，开展精神健康教育，营造有益身心健康的工作环境。

社区居民委员会、村民委员会应当关注居民、村民的精神健康需求，营造有益身心健康的生活环境。

**第十七条** 市、区人民政府应当将重大灾害的心理危机干预列入突发公共事件的应急预案，在重大灾害处理过程中，组织开展心理危机干预，降低灾后精神障碍发生率。

**第十八条** 卫生行政部门应当组织开展精神健康教育，普及精神卫生知识，提高精神健康水平，预防精神障碍的发生。

广播、电视、报刊等媒体应当积极开展精神卫生的公益性宣传。

**第十九条** 教育行政部门应当对教师进行精神卫生知识培训，提高其促进学生精神健康的能力。学校应当为教师接受精神卫生知识培训提供必要条件。

学校应当结合素质教育，将精神健康教育纳入工作计划，针对不同年龄阶段学生的特点，开展精神健康教育、咨询、辅导，创造有利于学生精神健康的学习环境，促进学生身心健康。高等学校应当设立心理咨询机构，中小学校应当配备心理咨询人员，为学生提供精神健康咨询服务。

**第二十条** 工会、共青团、妇联、残联等社会团体和老龄工作机构应当分别针对相关人群的特点，开展精神健康知识宣传、普及工作。

**第二十一条** 司法行政部门应当结合监狱、强制隔离戒毒所的特殊性要求，加强对服刑人员、强制隔离戒毒人员的精神卫生工作，在卫生行政部门的指导下做好服刑人员、强制隔离戒毒人员精神障碍的预防控制工作。

第二十二条 鼓励社会力量按照有关规定开展心理咨询工作。心理咨询机构经依法注册登记后，可以按照执业规范开展心理咨询服务。

心理咨询机构和人员的执业规范由市卫生行政部门会同其他有关部门共同制定。

第二十三条 市卫生行政部门应当建立全市精神障碍信息分类报告和管理系统。

医疗机构应当按照市卫生行政部门规定的内容、程序、时限和方式，将确诊的精神障碍者的情况向所在区的精神障碍预防控制机构报告。区精神障碍预防控制机构应当对信息进行核实，并向市精神障碍预防控制机构报告。

第二十四条 卫生行政部门应当定期组织开展精神障碍的流行病学调查，了解精神障碍的发病以及疾病负担情况，为制定干预措施和决策提供依据。

## 第四章 诊疗服务

第二十五条 重性精神障碍者在发病期间，其监护人、近亲属应当送其到医疗机构接受治疗，其监护人、近亲属确无能力送往医疗机构治疗的，精神障碍者所在单位、公安机关、居住地的街道办事处、乡（镇）人民政府或社区居民委员会、村民委员会应当提供帮助。

卫生行政部门和医疗机构应当创造条件，方便精神障碍者接受治疗。

第二十六条 精神障碍的诊断、治疗，应当由取得卫生行政部门核发的《医疗机构执业许可证》的医疗机构进行。医疗机构应当根据精神障碍者的病情，为其提供积极、适当的治疗。

从事精神障碍诊断、治疗的人员应当具有精神科执业医师资格；重性精神障碍的诊断应当由具有二年以上精神障碍诊断、治疗工作经验的精神科医师作出。

精神障碍的诊断、治疗应当严格遵守相关法律、法规和精神障碍诊断标准、诊疗规范。

**第二十七条** 被诊断为精神障碍者本人或者其监护人对诊断结论有异议的，可以向作出诊断的医疗机构申请诊断复核。医疗机构应当在收到申请之日起一个月内，组织两名具有副主任医师以上职称的精神科执业医师进行诊断复核，并作出复核结论。

与精神障碍者有亲属关系或者其他利害关系的精神科执业医师，不得为其进行诊断和诊断复核。

对精神障碍者进行诊断的精神科执业医师，不得为同一精神障碍者进行诊断复核。

**第二十八条** 精神障碍者自愿到医疗机构接受住院治疗的，精神科执业医师应当根据其病情作出是否住院治疗的决定。

自愿接受住院治疗的精神障碍者要求出院，精神科执业医师认为暂时不宜出院的，应当向本人及其监护人或者近亲属说明理由；本人坚持要求出院的，应当由本人及其监护人或者近亲属签字确认，并由医疗机构在其病历中记录后，办理出院手续。

**第二十九条** 精神科执业医师认为不能辨认或者不能控制自己行为的精神障碍者必须住院治疗的，应当提出医疗保护性住院治疗的医学建议。监护人不同意精神障碍者住院治疗的，应当向医疗机构说明理由后签字确认，并由医疗机构在其病历中记录。

第三十条　医疗保护性住院治疗的精神障碍者经具有主治医师以上职称的精神科执业医师诊断，认定可以出院的，由精神障碍者的监护人或者近亲属办理出院手续；认定不宜出院的，应当向其监护人或者近亲属说明理由，由其监护人或者近亲属决定是否出院并签字确认后，由医疗机构在其病历中记录。

第三十一条　医疗机构发现住院治疗的精神障碍者未办理出院手续擅自离院的，应当立即寻找并及时通知其监护人或者近亲属；精神障碍者行踪不明的，医疗机构应当在二十四小时内报告所在地公安机关。

第三十二条　精神障碍者或者疑似精神障碍者有严重危害公共安全、他人人身安全行为的，事发地公安机关应当依法委托有资质的鉴定机构对其进行精神障碍鉴定；经鉴定，符合强制医疗条件的，应当写出强制医疗意见书，由人民法院依法作出强制医疗的决定。

强制医疗的具体办法，由市人民政府依法制定。

## 第五章　康复服务

第三十三条　医疗机构应当为住院治疗的精神障碍者提供医疗康复服务；精神障碍者的监护人或者近亲属应当协助住院治疗的精神障碍者进行康复训练。

第三十四条　医疗机构应当将出院的重性精神障碍者的相关资料及时移交给社区（乡镇）医疗卫生机构。社区（乡镇）医疗卫生机构应当对本辖区的重性精神障碍者建立档案。

精神障碍预防控制机构和社区（乡镇）医疗卫生机构应当定期访视重性精神障碍者，指导其精神康复。

**第三十五条** 社区（乡镇）医疗卫生机构应当组织开展有利于精神障碍者康复的劳动、娱乐、体育等活动，增强其生活自理和社会适应能力。

鼓励和支持公民、法人及其他组织在本市设立精神康复机构或者提供康复设施，卫生等有关行政部门和残联等社会团体应当在技术等方面给予支持。

**第三十六条** 精神障碍者在家康复的，其监护人和家庭成员应当创造有利于康复的家庭环境，在生活等方面给予必要的照顾，增强其生活自理和社会适应能力。

**第三十七条** 医疗机构和社区（乡镇）医疗卫生机构应当按照精神障碍者或者其监护人的要求，传授康复方法，普及康复知识，提高其康复技能。

## 第六章 权益保障

**第三十八条** 精神障碍者有获得精神卫生服务的权利，其合法权益受法律保护。

任何单位和个人不得非法限制精神障碍者的人身自由，不得歧视、侮辱、虐待、遗弃精神障碍者。

**第三十九条** 政府部门、医疗机构、与精神卫生工作相关的其他单位及人员应当依法保护精神障碍者的隐私权。

未经精神障碍者或者其监护人同意，不得对精神障碍者进行录音、录像、摄影或者播放与其有关的视听资料。法律、行政法规另有规定的除外。

因学术交流等原因需要在一定场合公开精神障碍者病情资料的，应当隐去能够识别其身份的内容。

**第四十条** 住院治疗的精神障碍者享有通信、受探视的权利。因病情或者治疗需要有必要对其通信、受探视的权利加以限制时，精神科执业医师应当征得精神障碍者或者其监护人的同意，并在其病历中予以记录。

**第四十一条** 禁止利用保护性约束措施惩罚精神障碍者。

因治疗需要或者防止发生伤害自身、危害他人等意外，需要对住院治疗的精神障碍者暂时采取保护性约束措施的，应当由两名精神科执业医师决定，在病历中记载和说明理由，并按照相应的操作规范执行；精神障碍者病情稳定后，应当及时解除保护性约束措施。

**第四十二条** 精神障碍者或者其监护人有权了解病情、诊断结论、治疗方案及其可能产生的后果，有权要求医疗机构出具书面诊断结论。

**第四十三条** 需要精神障碍者参与医学科研活动或者接受新药、新治疗方法的临床试验时，医疗机构或科研机构应当按照有关法律、法规规定办理相关手续，并向精神障碍者或者其监护人说明医学科研、临床试验的目的、方法以及可能产生的后果。对有民事行为能力的精神障碍者，应当书面告知其本人，取得其书面同意；对无民事行为能力或者限制民事行为能力的精神障碍者，应当书面告知其监护人，取得监护人的书面同意。

**第四十四条** 重性精神障碍者康复后，依法享有入学、应试、就业等方面的权利，除国家另有规定外，有关单位不得以其曾患精神障碍为由，取消其入学、应试、就业等方面的资格。

重性精神障碍者康复后，有权参加各种形式的职业技能培训；公共职业介绍机构和残联等社会团体应当为其提供就业培训和推荐就业服务。

重性精神障碍者康复后，在劳动关系存续期间，其所在单位应当为其安排适当的工作，在待遇和福利等方面不得歧视。

**第四十五条** 精神障碍者的监护人或者近亲属应当对其进行妥善看管和照顾，督促其接受治疗、康复、就业培训等，保护其合法权益不受侵犯。

## 第七章 法律责任

**第四十六条** 违反本条例规定，法律、法规已有处理规定的，从其规定；没有处理规定的，依照本条例的规定予以处理。

**第四十七条** 医疗机构违反本条例规定，有下列情形之一的，由卫生行政部门责令改正，并处三千元以上一万元以下罚款；造成精神障碍者人身损害、财产损失的，依法承担民事责任；构成犯罪的，依法追究相关责任人的刑事责任：

（一）不按照第二十七条规定进行精神障碍诊断或者诊断复核的；

（二）违反第四十一条规定，利用保护性约束措施惩罚精神障碍者，或者不按照操作规范采取保护性约束措施，或者不按照规定解除保护性约束措施的；

（三）违反第四十三条规定，擅自安排精神障碍者参与医学科研或接受新药、新治疗方式临床试用的。

**第四十八条** 医疗机构从业人员违反本条例规定，不遵守精神障碍诊断标准、诊疗规范，由卫生行政部门给予警告；造成严重后果的，责令暂停六个月以上一年以下执业活动；情节特别严重的，吊销其执业证书。

**第四十九条** 卫生行政部门和其他有关部门及其工作人

员在精神卫生工作中有玩忽职守、徇私舞弊、滥用职权等违法行为的,由有关部门责令改正,对直接责任人给予行政处分;构成犯罪的,依法追究刑事责任。

## 第八章 附 则

**第五十条** 精神障碍及重性精神障碍的诊断标准由卫生行政部门按照国家有关规定确定。

**第五十一条** 本条例自 2010 年 9 月 1 日起施行。

## 4. 上海市精神卫生条例

(2001 年 12 月 28 日上海市第十一届人民代表大会常务委员会第三十五次会议通过

根据 2010 年 9 月 17 日上海市第十三届人民代表大会常务委员会第二十一次会议《关于修改本市部分地方性法规的决定》修正

2014 年 11 月 20 日上海市第十四届人民代表大会常务委员会第十六次会议修订)

## 第一章 总 则

**第一条** 为了发展精神卫生事业,规范和完善精神卫生服务,维护精神障碍患者的合法权益,根据《中华人民共和国精神卫生法》,结合本市实际,制定本条例。

**第二条** 本市行政区域内开展维护和增进市民心理健康、预防和治疗精神障碍、促进精神障碍患者康复等活动,推进精神卫生服务体系建设,适用本条例。

**第三条** 市和区、县人民政府领导精神卫生工作,组织编制精神卫生发展规划并将其纳入国民经济和社会发展规划、建设和完善精神障碍的预防、治疗和康复服务体系，建立健全精神卫生工作协调机制和工作责任制，统筹协调精神卫生工作中的重大事项，对有关部门承担的精神卫生工作进行考核、监督。

乡、镇人民政府和街道办事处根据本地区的实际情况，组织开展预防精神障碍发生、促进精神障碍患者康复等工作。

**第四条** 市卫生计生部门主管本市精神卫生工作。区、县卫生计生部门负责本辖区内的精神卫生工作。

民政、公安、工商行政管理、人力资源社会保障、教育、发展改革、财政、司法行政、规划国土资源等行政部门按照各自职责，协同做好精神卫生工作。

**第五条** 各级残疾人联合会依照法律、法规或者接受政府委托，动员社会力量开展精神卫生工作。

居民委员会、村民委员会依照法律和本条例的规定开展精神卫生工作，并对所在地人民政府开展的精神卫生工作予以协助。

鼓励和支持工会、共产主义青年团、妇女联合会、红十字会、科学技术协会等团体，以及行业协会、慈善组织、志愿者组织、老龄组织等社会组织和个人，依法开展精神卫生工作。

**第六条** 精神障碍患者的人格尊严、人身和财产安全不受侵犯。

精神障碍患者的教育、劳动、医疗以及从国家和社会获得物质帮助等方面的合法权益受法律保护。

学校或者单位不得以曾患精神障碍为由，侵害精神障碍患者康复后享有的合法权益。

**第七条** 精神障碍患者的监护人应当履行监护职责，帮助精神障碍患者及时就诊，照顾其生活，做好看护管理，并维护精神障碍患者的合法权益。

精神障碍患者的家庭成员应当创造和睦、文明的家庭环境，帮助精神障碍患者提高社会适应能力和就学、就业能力。

禁止对精神障碍患者实施家庭暴力，禁止遗弃精神障碍患者。

**第八条** 各级人民政府及其有关部门应当组织医疗机构和专业人员开展精神卫生宣传活动，鼓励和支持各类团体和社会组织普及精神卫生知识，引导公众关注心理健康，提高公众对精神障碍的认知和预防能力。

广播电台、电视台、报刊、互联网站等媒体应当宣传心理健康和精神障碍预防知识，营造全社会尊重、理解、关爱精神障碍患者的舆论环境。

## 第二章 精神卫生服务体系

**第九条** 本市建立以精神卫生专科医疗机构和精神疾病预防控制机构为主体，设置精神科门诊或者心理治疗门诊的综合性医疗机构、专门从事心理治疗的医疗机构为辅助，社区卫生服务机构、精神障碍患者社区康复机构、精神障碍患者社区养护机构和心理咨询机构等为依托的精神卫生服务体系。

**第十条** 精神卫生服务内容包括：

（一）精神障碍的预防；

（二）心理咨询；

（三）心理治疗以及精神障碍的诊断与治疗；

（四）社区精神康复和慢性精神障碍患者养护；

（五）有助于市民心理健康的其他服务。

**第十一条** 市和区、县精神疾病预防控制机构根据同级卫生计生部门的要求，组织开展精神障碍的预防和监测，社区精神障碍防治工作的指导、评估、培训等工作。

**第十二条** 心理咨询机构为社会公众提供下列心理咨询服务：

（一）一般心理状态与功能的评估；

（二）心理发展异常的咨询与干预；

（三）认知、情绪或者行为问题的咨询与干预；

（四）社会适应不良的咨询与干预；

（五）国家有关部门规定的其他心理咨询服务。

**第十三条** 精神卫生专科医疗机构和设置精神科门诊的综合性医疗机构（以下统称精神卫生医疗机构）开展精神障碍的诊断与治疗服务。

设置心理治疗门诊的综合性医疗机构、专门从事心理治疗的医疗机构开展心理治疗服务。

社区卫生服务机构开展精神障碍的社区预防和康复服务。精神疾病预防控制机构与精神卫生专科医疗机构应当主动向社区卫生服务机构提供相关技术支持。

**第十四条** 精神障碍患者社区康复机构为精神障碍患者提供生活自理能力和社会适应能力等方面的康复训练。

精神障碍患者社区养护机构为生活自理困难的精神障碍患者提供护理和照料服务。

**第十五条** 从事精神卫生服务工作的执业医师、护士、心理治疗师、心理咨询师、康复治疗专业人员和社会工作者等人员应当按照国家和本市的有关规定以及执业规范，从事精神卫生服务。

## 第三章　心理健康促进和精神障碍预防

**第十六条**　乡、镇人民政府和街道办事处可以通过政府购买服务、招募志愿者等方式，组织社会力量和具有精神卫生专业知识的人员，为社区居民提供公益性的心理健康指导。

社区卫生服务机构应当按照卫生计生部门的要求，进行精神障碍的识别和转诊，配合进行精神障碍的早期干预和随访管理。

居民委员会、村民委员会应当协助街道办事处和乡、镇人民政府开展心理健康促进、精神卫生知识宣传教育等活动。社区卫生服务机构应当为居民委员会、村民委员会提供技术指导。

**第十七条**　教育部门应当会同卫生计生部门将学生心理健康教育纳入学校整体教育工作，开展学生心理问题和精神障碍的评估和干预。

学校应当按照本市有关规定，配备或者聘请具有相应专业技术水平的心理健康教育教师、辅导人员，设立校内心理健康教育与咨询机构，对学生开展心理健康监测、心理健康教育和咨询服务，为精神障碍学生接受教育创造条件。学前教育机构应当开展符合幼儿特点的心理健康教育。

鼓励具有专业资质的精神卫生服务机构参与学生心理健康教育工作。

**第十八条**　用人单位应当创造有益于职工身心健康的工作环境，关注职工的心理健康，对处于职业发展特定时期或者在易引发心理健康问题的特殊岗位工作的职工，组织社会力量和专业心理咨询人员，有针对性地开展心理健康教育和服务。

**第十九条** 市卫生计生部门应当设立心理危机干预服务平台，组织开展心理危机干预的服务、监测、教育、培训、技术研究和评估等工作，并为公安、民政、司法行政、教育等行政部门和工会、共产主义青年团、妇女联合会、红十字会等团体以及慈善组织、志愿者组织等社会组织开展相关工作提供技术支持。

医疗机构应当与心理危机干预服务平台建立联系机制。医疗机构的医务人员开展诊疗活动时，发现就诊者需要进行心理危机干预的，应当及时联系其近亲属，并建议接受心理危机干预服务平台的帮助。

**第二十条** 各级人民政府及其有关部门应当建立心理危机干预应急处置的协调机制，将心理危机干预列入突发事件应急预案，组建应急处置队伍，开展心理危机干预应急处置工作。

**第二十一条** 在发生自然灾害、事故灾难、公共卫生事件和社会安全事件等可能影响公众心理健康的突发事件时，市卫生计生部门应当及时组织精神卫生服务机构以及社会组织、志愿者为有需求的公众提供心理援助。

## 第四章 心理咨询机构

**第二十二条** 单位或者个人可以申请设立心理咨询机构，提供心理咨询服务。设立营利性心理咨询机构应当向工商行政管理部门申请登记，取得《营业执照》。设立非营利性心理咨询机构应当向民政部门申请登记，取得《民办非企业单位登记证书》。

工商行政管理部门、民政部门应当按照有关规定，对申请设立心理咨询机构，作出准予登记或者不予登记的决定。作出准予登记决定的，颁发《营业执照》或者《民办非企业单位登记证书》，同时应当抄告卫生计生部门，并由卫生计生部门将心理咨询机构名单向社会公布；作出不予登记决定的，应当书面告知理由。

未经工商行政管理部门或者民政部门登记，不得开展心理咨询服务。

**第二十三条** 心理咨询机构开展心理咨询服务应当符合下列要求：

（一）有固定的提供心理咨询服务的场所；

（二）具备必要的心理测量设施和设备；

（三）有三名以上符合心理咨询师从业要求的咨询人员，其中至少有两名具有心理咨询师二级以上国家职业资格。

**第二十四条** 心理咨询师应当按照心理咨询师国家职业标准的要求，经考试合格取得国家职业资格证书，并在依法设立的心理咨询机构或者精神卫生医疗机构实习一年，经实习单位考核合格后，方可从事心理咨询服务。

心理咨询师实习考核管理办法，由市卫生计生部门另行制定。

**第二十五条** 心理咨询机构应当建立健全内部管理制度，加强自律，依法开展心理咨询服务。

心理咨询机构应当定期对从业人员进行职业道德教育，组织开展业务培训，提高其职业道德素养和业务能力。

心理咨询机构不得安排不符合从业要求的人员提供心理咨询服务。

**第二十六条** 心理咨询机构及其从业人员应当按照法

律、法规、规章和执业规范提供心理咨询服务,并遵守下列规定:

(一)向接受咨询者告知心理咨询服务的性质以及相关的权利和义务;

(二)未经接受咨询者同意,不得对咨询过程进行录音、录像,确实需要进行案例讨论或者采用案例进行教学、科研的,应当隐去可能据以辨认接受咨询者身份的有关信息;

(三)发现接受咨询者有伤害自身或者危害他人安全倾向的,应当采取必要的安全措施,防止意外事件发生,并及时通知其近亲属;

(四)发现接受咨询者可能患有精神障碍的,应当建议其到精神卫生医疗机构就诊。

心理咨询人员不得从事心理治疗或者精神障碍的诊断、治疗。

**第二十七条** 卫生计生部门应当规范和促进心理咨询行业协会建设,指导行业协会开展工作。

心理咨询行业协会应当建立健全行业自律的规章制度,督促会员依法开展心理咨询活动,组织开展业务培训,引导行业健康发展。对违反自律规范的会员,行业协会应当按照协会章程的规定,采取相应的惩戒措施。

**第二十八条** 卫生计生部门应当对心理咨询机构提供心理咨询服务进行业务指导,加强监督检查,定期公布检查结果,并根据检查结果实施分类管理。

心理咨询机构应当于每年 3 月 31 日前,向卫生计生部门报告上一年度开展心理咨询业务的情况以及从业人员变动情况。

## 第五章　精神障碍患者的看护、诊断与治疗

**第二十九条**　精神障碍患者的监护人在对精神障碍患者进行看护管理时，应当履行下列职责：

（一）妥善看护未住院治疗的精神障碍患者，避免其因病伤害自身或者危害他人安全；

（二）根据医嘱，督促精神障碍患者接受门诊或者住院治疗，协助办理精神障碍患者的住院或者出院手续；

（三）协助精神障碍患者进行康复治疗或者职业技能培训，帮助其融入社会。

**第三十条**　公安机关、精神障碍患者所在地居民委员会或者村民委员会，应当为精神障碍患者的监护人提供必要的帮助。

精神障碍患者就诊的精神卫生医疗机构及其精神科执业医师、社区卫生服务机构，应当为精神障碍患者的监护人提供专业指导和必要的帮助。

**第三十一条**　除疑似精神障碍患者本人自行到精神卫生医疗机构进行精神障碍诊断外，疑似精神障碍患者的近亲属可以将其送往精神卫生医疗机构进行精神障碍诊断。

疑似精神障碍患者发生伤害自身、危害他人安全的行为，或者有伤害自身、危害他人安全危险的，其近亲属、所在学校或者单位、当地公安机关应当立即采取措施予以制止，并将其送往精神卫生医疗机构进行精神障碍诊断。学校或者单位、当地公安机关送诊的，应当以书面形式通知其近亲属。其他单位或者个人发现的，应当向当地公安机关报告。

精神卫生医疗机构接到送诊的疑似精神障碍患者，不得

拒绝为其作出诊断。

**第三十二条** 精神障碍的诊断应当由具有主治医师以上职称的精神科执业医师作出。

精神卫生医疗机构对于送诊的发生伤害自身、危害他人安全的行为,或者有伤害自身、危害他人安全危险的疑似精神障碍患者,应当立即指派具有主治医师以上职称的精神科执业医师进行诊断。无法立刻作出诊断结论的,应当将其留院观察,并在七十二小时内作出诊断结论。

除法律另有规定外,精神卫生医疗机构不得违背本人意志进行精神障碍的医学检查。

**第三十三条** 在疑似精神障碍患者留院观察期间,精神卫生医疗机构认为需要治疗的,应当经疑似精神障碍患者或者其近亲属书面同意,方可实施治疗。其中,对不予治疗可能危害疑似精神障碍患者生命安全的躯体疾病,无法及时取得疑似精神障碍患者或者其近亲属书面同意的,精神卫生医疗机构可以先行治疗,将治疗的理由告知疑似精神障碍患者及其近亲属,并在病历中予以记录。

**第三十四条** 精神卫生医疗机构应当为经门诊、急诊诊断的精神障碍患者制定相应的治疗方案,并告知其监护人有关注意事项。接受非住院治疗的精神障碍患者的监护人应当配合精神卫生医疗机构做好精神障碍患者的治疗工作。

**第三十五条** 诊断结论、病情评估表明就诊者为严重精神障碍患者并已经发生伤害自身的行为或者有伤害自身的危险的,应当对其实施住院治疗,但其监护人不同意的除外。

诊断结论、病情评估表明就诊者为严重精神障碍患者并已经发生危害他人安全的行为或者有危害他人安全的危险的,应当对其实施住院治疗。

**第三十六条** 实施暴力行为,危害公共安全或者严重危害公民人身安全,经法定程序鉴定依法不负刑事责任的精神障碍患者,有继续危害社会可能需要强制医疗的,依照法律规定的程序执行。

**第三十七条** 严重精神障碍患者已经发生危害他人安全的行为或者有危害他人安全的危险,精神障碍患者或者其监护人对需要住院治疗的诊断结论有异议,不同意对精神障碍患者实施住院治疗的,可以要求原精神卫生医疗机构或者其他精神卫生医疗机构再次诊断。

接受再次诊断申请的精神卫生医疗机构应当在接到申请之日起五个工作日内,指派两名以上具有主治医师以上职称的精神科执业医师进行再次诊断,并于面见、询问精神障碍患者之日起五个工作日内,出具再次诊断结论。

精神障碍患者或者其监护人对再次诊断结论有异议的,可以依法自主委托具有执业资质的鉴定机构进行精神障碍医学鉴定。

**第三十八条** 诊断结论表明精神障碍患者需要住院治疗的,精神卫生医疗机构应当出具书面通知。精神障碍患者本人可以自行办理住院手续,也可以由其监护人办理住院手续。

严重精神障碍患者因存在危害他人安全的行为或者危险而需要住院,其监护人不办理住院手续的,由其所在的学校或者单位、居民委员会、村民委员会办理住院手续,必要时可以由公安机关协助,并由精神卫生医疗机构在精神障碍患者病历中予以记录。

**第三十九条** 精神卫生医疗机构应当根据患者的不同病情提供相适宜的设施、设备,并为患者创造接近正常生活的环境和条件。

**第四十条** 精神卫生医疗机构对精神障碍患者实施药物治疗，应当以诊断和治疗为目的，使用安全、有效的药物。

精神卫生医疗机构对精神障碍患者实施心理治疗，应当由符合要求的心理治疗人员提供。

**第四十一条** 住院精神障碍患者符合出院条件的，应当及时办理出院手续。

精神障碍患者可以自行办理出院手续，也可以由其监护人办理出院手续；精神障碍患者本人没有能力办理出院手续的，其监护人应当为其办理出院手续。

**第四十二条** 精神障碍患者本人或者其监护人需要获得精神障碍医学诊断证明的，可以向作出医学诊断的精神卫生医疗机构提出申请。

精神障碍医学诊断证明应当经两名具有主治医师以上职称的精神科执业医师诊断后出具，由精神卫生医疗机构审核并加盖公章后签发。

精神障碍患者或者其监护人对医学诊断证明中的结论提出异议的，出具医学诊断证明的精神卫生医疗机构应当组织两名以上精神科执业医师（其中至少有一名具有副主任医师以上职称）进行医学诊断证明的复核。

精神障碍患者或者其监护人对复核结论提出异议的，精神卫生医疗机构应当组织会诊。

**第四十三条** 对查找不到近亲属的流浪乞讨疑似精神障碍患者，由民政等有关部门按照职责分工帮助送往精神卫生医疗机构进行精神障碍诊断。其中，涉嫌违反治安管理处罚法的，由公安机关帮助送往精神卫生医疗机构进行精神障碍诊断。

查找不到近亲属的流浪乞讨精神障碍患者需要住院治疗的，由送诊的有关部门办理住院手续。

流浪乞讨精神障碍患者经救治，病情稳定或者治愈的，民政部门应当及时进行甄别和确认身份。经甄别属于救助对象的，可以移交救助管理站实施救助；不属于救助对象的，相关部门应当协助精神卫生医疗机构做好精神障碍患者出院工作。

**第四十四条** 严重精神障碍患者出院时，经具有主治医师以上职称的精神科执业医师病情评估，认为有接受定期门诊治疗和社区随访必要的，严重精神障碍患者的监护人应当协助其接受定期门诊治疗和社区随访。

市卫生计生部门应当会同市公安等行政部门制定定期门诊和社区随访的工作规范。

**第四十五条** 与精神障碍患者有利害关系的精神科执业医师不得为该精神障碍患者进行诊断和出具医学诊断证明。

对精神障碍进行诊断的精神科执业医师不得为同一精神障碍患者进行再次诊断、复核、会诊和医学鉴定。

**第四十六条** 精神障碍患者在精神卫生医疗机构内已经发生或者将要发生伤害自身、危害他人安全、扰乱医疗秩序的行为，精神卫生医疗机构及其医务人员在没有其他可替代措施的情况下，可以实施约束、隔离等保护性医疗措施。精神障碍患者病情稳定后，应当及时解除保护性医疗措施。实施约束、隔离等保护性医疗措施的，一般不超过二十四小时。

保护性医疗措施的决定应当由精神科执业医师作出，并在病历资料中记载和说明理由。实施保护性医疗措施应当遵循诊断标准和治疗规范，并在实施后及时告知精神障碍患者的监护人。

禁止利用约束、隔离等保护性医疗措施惩罚精神障碍患者。

**第四十七条** 精神卫生医疗机构应当严格执行住院治疗管理制度,保护精神障碍患者的安全,避免住院治疗的精神障碍患者擅自离院。

精神卫生医疗机构发现住院治疗的精神障碍患者擅自离院的,应当立即寻找,并通知其监护人或者其他近亲属;精神障碍患者行踪不明的,精神卫生医疗机构应当在二十四小时内报告所在地公安机关。

精神障碍患者的监护人、其他近亲属或者公安机关在发现擅自离院的精神障碍患者后,应当通知其住院治疗的精神卫生医疗机构,并协助将其送回。

**第四十八条** 精神卫生医疗机构及其医务人员应当将精神障碍患者在诊断、治疗以及其他相关服务过程中享有的权利和承担的义务,以书面形式告知精神障碍患者及其监护人。精神障碍患者及其监护人可以向医务人员了解与其相关的病情、诊断结论、治疗方案及其可能产生的后果。

医学教学、科研等活动涉及精神障碍患者个人的,应当向精神障碍患者及其监护人书面告知医学教学、科研等活动的目的、方法以及可能产生的后果,并取得精神障碍患者的书面同意;无法取得精神障碍患者意见的,应当取得其监护人书面同意后方可进行。

**第四十九条** 因医学教学、学术交流、宣传教育等需要在公开场合介绍精神障碍患者的病情资料的,应当隐去能够识别该精神障碍患者身份的资料。

## 第六章 精神障碍的康复

**第五十条** 市和区、县人民政府应当根据精神卫生事业的发展要求,组织推进精神障碍患者社区康复机构和养护机构的布点建设,逐步形成布局合理、功能完善的康复、养护服务网络。

乡、镇人民政府和街道办事处应当为公益性社区康复机构的建设、改造和管理提供支持,组织社区康复机构为精神障碍患者提供就近康复的场所和生活技能、职业技能训练,满足精神障碍患者社区康复和生活的基本需求。使用残疾人就业保障金对社区康复机构和养护机构的相关费用予以补贴的,按照有关规定执行。

鼓励社会力量建设精神障碍患者社区康复机构和养护机构,或者提供康复、养护服务。

税务部门应当按照国家有关规定,给予精神障碍患者社区康复机构和养护机构税收减免优惠。

鼓励企业扶持社区康复机构,将适合精神障碍患者生产、经营的产品、项目优先安排给社区康复机构生产或者经营。

**第五十一条** 区、县民政部门会同残疾人联合会指导街道、乡、镇精神障碍患者社区康复机构和养护机构的组建和管理,组织开展精神障碍患者生活技能、职业技能康复及护理和照料服务等工作。

**第五十二条** 精神障碍患者社区康复机构应当配备康复治疗专业人员,为精神障碍患者提供专业化的精神康复服务,并安排精神障碍患者参加有利于康复的职业技能训练、文化娱乐、体育等活动,提供工作能力、社交技巧、日常生活能力等方面的康复训练，增强精神障碍患者生活自理能力和社会适应能力，帮助精神障碍患者参与社会生活。参加劳动的精神障碍患者应当获得相应的报酬。

**第五十三条** 精神卫生医疗机构应当为接受治疗的精神障碍患者提供康复服务，帮助精神障碍患者进行自我管理能力和社会适应能力的训练。

有条件的精神卫生医疗机构可以为精神障碍患者提供社区康复和社区养护服务。

精神卫生医疗机构和社区卫生服务机构应当对精神障碍患者社区康复机构开展精神障碍康复训练进行专业指导，向精神障碍患者及其监护人普及康复知识，传授康复方法。

## 第七章 保障措施

**第五十四条** 各级人民政府应当根据精神卫生工作需要，加大财政投入力度，将精神卫生工作经费列入本级财政预算，促进精神卫生事业持续健康发展。

各级人民政府应当切实保障公立精神卫生专科医疗机构基本建设、日常运行、学科建设和人才培养所需的经费。

**第五十五条** 各级人民政府应当完善政策措施，建立健全购买精神卫生相关服务的机制，及时向社会公布购买服务信息。

鼓励和支持机关、企业事业单位、社会团体、其他组织和个人基于公益目的，通过志愿服务等方式，为精神障碍患者及其家庭提供帮助，推动精神卫生事业发展。向精神卫生事业捐赠财产的，依法享受税收优惠。

**第五十六条** 卫生计生、人力资源社会保障、教育等行政部门和残疾人联合会应当采取措施，发展和完善满足社会需求的精神卫生服务和人员队伍建设。

鼓励和支持开展精神卫生科学技术研究和精神卫生专门人才的培养,将精神医学纳入医学相关专业的教学计划。有关科研院所、大专院校、医疗机构应当加强精神障碍的预防、诊断、治疗、康复的基础研究和临床研究,提高精神卫生服务水平。

市卫生计生部门应当将精神障碍预防、诊断、治疗、康复知识教育纳入全科医师培养大纲和非精神科执业医师继续教育内容,提高其识别精神障碍的能力。

人力资源社会保障、民政等行政部门和残疾人联合会应当加强精神障碍患者社区康复机构和养护机构工作队伍建设,提高专业化、职业化水平。

教育部门对教师进行上岗前和在岗培训,应当有精神卫生的内容,并定期组织心理健康教育教师、辅导人员进行专业培训。

**第五十七条** 精神卫生工作人员的人格尊严、人身安全不受侵犯,精神卫生工作人员依法履行职责受法律保护。全社会应当尊重精神卫生工作人员。

市和区、县人民政府及其有关部门、精神卫生医疗机构、精神障碍患者社区康复机构和养护机构应当采取措施,加强对精神卫生工作人员的职业保护,提高精神卫生工作人员的待遇水平,并按照规定给予适当的津贴,具体标准由市人力资源社会保障部门会同市卫生计生部门确定。精神卫生工作人员因工致伤、致残、死亡的,其工伤待遇以及抚恤按照国家有关规定执行。

**第五十八条** 市人力资源社会保障部门、市卫生计生部门应当按照国家有关规定,完善相关医疗保险政策,引导参加城镇居民基本医疗保险、职工基本医疗保险和新型农村合作医疗的精神障碍患者接受门诊、社区治疗等服务。

民政部门应当会同相关部门确定精神障碍患者医疗救助的内容和标准,并依法给予医疗救助和适当的生活救助。

**第五十九条** 市卫生计生部门应当会同相关部门,按照国家和本市有关规定,对严重精神障碍患者实施医疗费用减免。

市和区、县卫生计生部门应当按照国家和本市有关规定,组织医疗卫生机构为严重精神障碍患者免费提供基本公共卫生服务。

**第六十条** 市和区、县人民政府应当采取措施促进福利企业发展,扶持有劳动能力的精神障碍患者从事力所能及的工作,帮助精神障碍患者融入社会。

人力资源社会保障部门和残疾人联合会应当推动精神障碍患者的就业培训工作。精神障碍患者有权参加职业技能培训,提高就业能力。

鼓励企业事业单位聘用有相应劳动能力的精神障碍患者。劳动关系存续期间,精神障碍患者所在单位应当安排精神障碍患者从事力所能及的工作,保障精神障碍患者享有同等待遇。

**第六十一条** 精神障碍患者因合法权益受到侵害需要法律援助的,可以向法律援助机构申请法律援助。法律援助机构应当依法提供法律援助。

**第六十二条** 本市建立健全精神卫生服务行业自律组织和管理机制,培育并提高行业自律组织自身服务管理能力。行业自律组织应当加强本行业从业机构和人员的自我监督和管理,促进本行业服务水平的提高。

第六十三条　任何单位和个人发现有违反本条例规定的情形，有权向卫生计生、工商行政管理、民政、公安等行政部门投诉举报。接到投诉举报的部门应当按照规定及时处理，并将处理结果反馈投诉举报人。

第六十四条　市卫生计生部门应当会同公安、民政等有关部门建立精神卫生工作信息共享机制，并按照各自职责，负责相关信息的录入和更新，实现信息互联互通、交流共享。卫生计生、公安、民政等行政部门及其工作人员在精神卫生工作中获得的精神障碍患者个人信息，应当予以保密。

市卫生计生部门应当推进各类精神卫生服务机构加强信息交流。

## 第八章　法律责任

第六十五条　违反本条例规定的行为，法律、行政法规有处理规定的，依照有关法律、行政法规的规定处理。

第六十六条　卫生计生等行政部门有下列情形之一的，由本级人民政府或者上级主管部门责令改正，通报批评；对直接负责的主管人员和其他直接责任人员依法给予行政处分：

（一）未组织开展心理危机干预工作的；

（二）未将心理咨询机构名单向社会公布的；

（三）未对心理咨询机构提供心理咨询服务进行业务指导和监督检查的；

（四）未按照规定对严重精神障碍患者实施医疗费用减免的；

（五）未按照规定组织医疗卫生机构为严重精神障碍患者免费提供基本公共卫生服务的；

（六）接到投诉举报未及时进行处理的；

（七）未建立精神卫生工作信息共享机制的；

（八）其他滥用职权、玩忽职守、徇私舞弊的情形。

**第六十七条** 单位或者个人违反本条例第二十二条第三款规定，未经工商行政管理部门或者民政部门登记，擅自开展心理咨询服务的，由工商行政管理部门或者民政部门依法处理。

**第六十八条** 心理咨询机构开展心理咨询服务不符合本条例第二十三条规定要求的，由卫生计生部门责令改正，给予警告，并处以五千元以上三万元以下的罚款；有违法所得的，没收违法所得；情节严重的，责令暂停六个月以上一年以下执业活动；拒不改正的，移送工商行政管理部门或者民政部门依法予以撤销登记。

**第六十九条** 心理咨询机构有下列情形之一的，由卫生计生部门责令改正，给予警告，并处以五千元以上三万元以下的罚款；有违法所得的，没收违法所得；情节严重的，责令暂停三个月以上一年以下执业活动：

（一）违反本条例第二十五条第三款规定，安排不符合从业要求的人员提供心理咨询服务的；

（二）违反本条例第二十六条第一款规定，提供心理咨询服务的。

**第七十条** 不符合心理咨询人员从业要求的人员，违反本条例第二十四条第一款规定，从事心理咨询服务的，由卫生计生部门责令改正，给予警告，并处以五千元以上一万元以下的罚款；有违法所得的，没收违法所得。

心理咨询人员违反本条例第二十六条第一款规定，提供心理咨询服务的，由卫生计生部门责令改正，给予警告，并处以五千元以上一万元以下的罚款；有违法所得的，没收违法所得；情节严重的，责令暂停三个月以上一年以下执业活动。

**第七十一条** 精神卫生医疗机构及其工作人员有下列情形之一的，由卫生计生部门责令改正，并处以五千元以上三万元以下的罚款；对有关医务人员，责令暂停六个月以上一年以下执业活动；情节严重的，依法吊销有关医务人员的执业证书；主管部门或者所在单位应当对直接负责的主管人员和其他直接责任人员依法给予或者责令给予降低岗位等级、撤职或者开除的处分：

（一）违反本条例第三十二条第一款、第三十七条第二款、第四十二条第二款和第三款规定，安排不符合要求的精神科执业医师进行精神障碍诊断、再次诊断、出具医学诊断证明、医学诊断证明复核的；

（二）违反本条例第四十五条规定，对精神障碍患者进行诊断、再次诊断、出具医学诊断证明、复核、会诊和医学鉴定的；

（三）违反本条例第四十八条第二款规定，未经精神障碍患者或者其监护人书面同意，擅自进行涉及精神障碍患者个人的医学教学、科研等活动的。

**第七十二条** 违反本条例规定，给精神障碍患者或者他人造成人身、财产损害的，应当依法承担民事责任；构成违反治安管理行为的，依法给予治安管理处罚；构成犯罪的，依法追究刑事责任。

## 第九章 附 则

**第七十三条** 本条例自2015年3月1日起施行。